選択制確定拠出年金を上手に導入する方法

蔀 義秋・著
(しとみ よしあき)

まえがき

　選択制確定拠出年金を導入すれば、社員は、社会保険料や所得税などを削減しながら、老後の生活資金を積立できます。
　また、会社と社員が負担する社会保険料や労働保険料を削減できるため、社員だけではなく会社にもメリットがあります。

　選択制確定拠出年金を導入する会社は、徐々に増えていますが、経営者の中には、選択制確定拠出年金に満足している方もいれば、そうでない方もいるようです。

　同じ選択制確定拠出年金を導入したにもかかわらず経営者の満足度に違いが生じるのは、選択制確定拠出年金には、全員加入の企業型確定拠出年金と異なり、希望者のみが加入するという特殊性があるためです。

　選択制確定拠出年金を上手に導入して、多くの社員が選択制確定拠出年金に喜んで加入した会社の経営者の満足度は高く、そうでない会社の経営者の満足度は低いというわけです。

　そこで、本書では、選択制確定拠出年金の制度の説明のみにとどめるのではなく、どうすれば多くの社員が選択制確定拠出年金に喜んで加入するのかという「選択制確定拠出年金の上手な導入の方法」についても説明をしています。

本書の第1章では、少子高齢化によって社会保険料が増加していること、老後資金の確保が求められていることを説明しています。

　第2章では、社会保険料の増加と老後資金の確保への対応として選択制確定拠出年金が有効で、会社にとっても社員にとってもメリットがあることを説明しています。

　第3章と第4章では、選択制確定拠出年金を導入するにあたって会社として知っておくべきこと、すなわち加入対象者となる人や、掛金についての基本的な情報を説明しています。

　第5章では、導入する場合にどのような手続きや書類が必要で、どんなスケジュールで進めていくかを説明しています。

　第6章では、どうすれば多くの社員が選択制確定拠出年金に喜んで加入するのかという選択制確定拠出年金の上手な導入方法を説明しています。

　第7章では、給付の内容を説明しています。60歳以上になれば老齢給付金として受け取れるのが原則ですが、この原則以外にも受け取ることができる場合があります。

　第8章では、税制上の取扱いについて説明しています。

　第9章では、掛金の運用について説明しています。確定拠出年金は掛金を投資に回すことになるから、運用成績によっては損することになると誤解している人がいるようですが、元本が保証されている定期預金を選ぶこともできます。また元本が変動する投資信託を選んで運用しても、積立ですからそんなに損をする心配ばかりしなくてもいいと思います。

　第10章では、私自身がこれまで多くの会社の導入・運営のサポートをしてきて、よく受けた質問とそれに対する回答をまとめています。

第11章では、確定拠出年金法の主な改正点を説明しています。

　本書をお読みいただいた経営者・実務担当者の会社が、一日でも早く選択制確定拠出年金を上手に導入し、一人でも多くの社員が、社会保険料や所得税などを削減しながら、老後資金の積立をし、幸せな老後に備えていただけたら幸いです。

　2016年8月

著者　蔀 義秋
　　　しとみ　よしあき

選択制確定拠出年金を上手に導入する方法

■■■■■ 目次 ■■■■■

巻頭グラフ　選択制確定拠出年金の特徴を大まかに理解しましょう

選択制確定拠出年金と近未来の予測 …………………………………… 14
選択制確定拠出年金はこんな会社におすすめです ……………………… 18

第1章　選択制確定拠出年金が求められる背景を知ろう
少子高齢化で変質している厚生年金

1　少子高齢化は猛スピードで進んでいる ……………………………… 22
2　年金制度の仕組みと少子高齢化の影響 ……………………………… 25
3　厚生年金保険料はいつまで引き上げされるのか …………………… 27
4　健康保険料や介護保険料はさらなる引き上げが予想される ……… 29
5　公的年金の支給開始年齢は段階的に引き上げられてきた ………… 30
6　公的年金は実際にいくらもらえるのか ……………………………… 32
7　今こそ老後資金の効率的な積立と社会保険料の削減が必要 ……… 35
8　厚生年金は世代によって損得が分かれる制度である ……………… 37

コーヒーブレイク
　　なぜ、選択制確定拠出年金を導入している会社は少ないのか …… 40

第2章 選択制確定拠出年金とはどのようなものか
社会保険料や所得税などを削減しながら圧倒的に効率的に老後資金の積立ができる

1 簡単に社会保険・労働保険のおさらいをしよう …………………… 44
2 簡単に年金制度のおさらいをしよう ………………………………… 48
3 確定拠出年金は圧倒的に効率的に老後資金を積立できる ………… 52
4 選択制確定拠出年金を導入すると
　社会保険料や所得税などを削減できる理由 ………………………… 53
5 選択制確定拠出年金が認められる法的な根拠 ……………………… 60
6 厚生年金保険料を削減すると
　将来の老齢厚生年金支給額はどれくらい減るのか ………………… 62
7 会社負担の社会保険料等削減額の驚異的なシミュレーション結果 … 69
8 社会保険料削減以外にも会社にとってメリットがある …………… 74

第3章 導入を決めるにあたって知っておくべきこと①
選択制確定拠出年金の加入対象者は誰か

1 厚生年金に加入している60歳未満の方であることが必要 ………… 78
2 資格喪失年齢の引き上げ ……………………………………………… 81
3 加入者である従業員が退職したら
　確定拠出年金の取扱いはどうなるのか ……………………………… 82

第4章 導入を決めるにあたって知っておくべきこと②
掛金の金額の限度額や決定方法など

1 掛金の最高限度額は55,000円 ………………………………………… 86
2 社会保険料が削減される時期はいつなのか ………………………… 87

3	労働保険料が削減される時期はいつなのか	91
4	所得税と住民税が削減される時期はいつなのか	93
5	給与が高額な場合は節税効果が大きい	94
6	掛金の額を決めるうえで注意すること	96

第5章　選択制確定拠出年金の導入
選択制確定拠出年金は6ヶ月程度で導入できる

1	導入する方法には単独型と総合型がある	100
2	総合型で導入する場合にはどのような書類が必要か	101
3	厚生局で年金規約の変更申請をする	129
4	給与計算ソフトの設定を変更する	131
5	選択制確定拠出年金の導入までのモデルスケジュール	134

第6章　選択制確定拠出年金の上手な導入方法
～選択制確定拠出年金導入の難しさ～

| 1 | 多くの社員に加入してもらうことの難しさ | 136 |
| 2 | もっともわかりやすく説明をして加入率を上げることができるか？ | 138 |

第7章　確定拠出年金の給付の内容
60歳以上で老齢給付金としての受給が原則

| 1 | 60歳以上になったら老齢給付金として受け取れる | 142 |
| 2 | 60歳にならなくても受け取ることができる給付金や一時金がある | 144 |

コーヒーブレイク
　老後の生活資金は禁断の実……………………………………… 147

第8章　選択制確定拠出年金の税制上の取扱い
掛金の拠出時・運用益・給付時のすべてで優遇される

1　掛金の拠出時・運用時の税金の取扱い ………………………… 150
2　掛金の給付時の税金の取扱い …………………………………… 151

第9章　運用商品の選択（掛金の運用配分設定）
賢く掛金を運用して老後に備えましょう

1　元本保証型(定期預金等)と元本変動型(投資信託等)がある ……… 156
2　投資信託の基本情報を押さえておこう ………………………… 157
3　積立投資なら値下がりしてもそんなに心配することはない ……… 159
4　利益を確定するには定期預金へのスイッチングを活用しよう …… 164
5　私の運用方法を紹介します……………………………………… 168
6　運用より先にすべき大切なこと ………………………………172

コーヒーブレイク
　いつも喜んでいる秘訣……………………………………………… 173

第10章　よくある質問（Q＆A）
選択制確定拠出年金の疑問にお答えします

Q1　企業型確定拠出年金には、どのような導入方法がありますか？ … 176
Q2　選択制確定拠出年金と個人型確定拠出年金には、
　　どのような違いがありますか？ ………………………………… 177

- Q3 選択制確定拠出年金とマッチング拠出には、
  どのような違いがありますか？ …………………………………… 178
- Q4 選択制確定拠出年金のデメリットは何ですか？ …………… 179
- Q5 社員向け説明会に社員全員を一度に出席させることが難しい場合は、
  どうすればよいでしょうか？ ……………………………………… 180
- Q6 社員数が何名になったら、選択制確定拠出年金を導入した方が
  よいですか？ ………………………………………………………… 181
- Q7 選択制確定拠出年金は、何月に導入するのがよいですか？ ……… 182
- Q8 退職金制度が導入されていても、
  選択制確定拠出年金を導入した方がよいですか？ ………………… 183
- Q9 厚生年金基金の後継制度として、
  選択制確定拠出年金を導入できますか？ ………………………… 184
- Q10 給与水準が低いと、選択制確定拠出年金の加入率が
  低くなりますか？ …………………………………………………… 185
- Q11 若い社員の比率が高いと、選択制確定拠出年金の加入率が
  低くなりますか？ …………………………………………………… 186
- Q12 離職率が高いと、選択制確定拠出年金の加入率が
  低くなりますか？ …………………………………………………… 187
- Q13 外国人の社員が多いのですが、加入を希望しない外国人に
  選択制確定拠出年金に加入してもらうのは大変ではないですか？ 188
- Q14 既に老後の生活資金を確保するために、民間の保険などの
  金融商品に加入している場合にも、選択制確定拠出年金に
  加入した方がよいでしょうか？ …………………………………… 189
- Q15 中途退職の予定がある場合にも、選択制確定拠出年金に
  加入した方がよいでしょうか？ …………………………………… 190
- Q16 選択制確定拠出年金で積立すると、原則として60歳まで引き
  出せないので、他の制度で積立した方がよいのではないですか？ 191

第11章 確定拠出年金法の主な改正点（2017年1月1日施行）
個人型確定拠出年金の拡大と脱退一時金の縮小

1 個人型確定拠出年金の拡大 …………………………………………… 194
2 脱退一時金の縮小 ……………………………………………………… 195

巻頭グラフ

選択制確定拠出年金の特徴を大まかに理解しましょう

選択制確定拠出年金と近未来の予測

選択制確定拠出年金は
こんな会社にお勧めです

1　社員が老後の不安なく安心して働ける職場にしたい会社

　少子高齢化の進展に伴い、公的年金の支給水準の低下や支給開始年齢の引き上げが予想され、多くの社員が老後の生活に不安を感じています。

　選択制確定拠出年金の導入により、社員は、老後の生活を公的年金だけを頼りにすることなく、社会保険料や所得税などを削減しながら、老後の生活資金を積立できます。

2　会社のコストを減らしつつ、社員の福利厚生を向上させたい会社

　会社が昼食のお弁当代の半額を補助する福利厚生制度を導入すれば、社員の福利厚生は向上します。しかし、会社のコストがお弁当代の半額分だけ増えてしまいます。このように、通常、社員の福利厚生が向上すれば、それに比例して会社のコストも増えます。

　選択制確定拠出年金を導入すれば、会社のコストを減らしつつ、社員の福利厚生を向上させることができます。

3　社員の意思を尊重して社員の福利厚生を向上させたい会社

　企業型確定拠出年金は、社員全員が会社により定められた掛金の金額で加入するのが一般的です。しかし、これでは、加入したくない社員や、会社が定める掛金よりも多く（少なく）積立したい社員の意思を尊重できません。そのため、会社が社員のために導入したのに、社員が不満を持ってしまうことがあります。

　選択制確定拠出年金なら、加入するかどうか、掛金の金額をいくらにするのかを社員が選択できます。そのため、社員の意思を100％尊重して福利厚生を向上させることができるのです。

4　会社負担の社会保険料や労働保険を削減したい会社

　選択制確定拠出年金を導入すれば、会社負担の社会保険料や労働保険料を削減することが可能です。

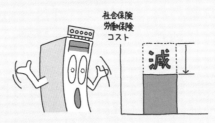

　例えば、給与250,000円の社員が既存の給与から掛金25,000円を拠出した場合、会社負担の社会保険料等の削減メリットは、1ヶ月で1人あたり6,203円になります。加入者100人なら1年間で744万3,600円のコスト減が実現します。

5　求人コストを削減したい会社

　多くの病院では、看護師や医師などを確保するために、莫大な求人コストをかけていますが、採用した看護師や医師が、短期間で離職してしまうことも珍しくないようです。

　選択制確定拠出年金を導入すれば、社員はその会社に在籍している限り、社会保険料や所得税などを削減しながら、老後資金を積立できます。その結果、年間1人でも定着率が向上すれば、その分、求人コストを削減できます。

6　中小企業だが新卒を積極的に採用したい会社

　新卒の採用は、一般的に福利厚生が充実している大企業との競争になります。
　中小企業は、選択制確定拠出年金の導入をすることで、学生に対して、新卒で入社すれば、定年までの長期にわたって、社会保険料や所得税などを削減しながら、老後の生活資金の積立ができることをアピールできます。

第1章

選択制確定拠出年金が求められる背景を知ろう

少子高齢化で変質している厚生年金

少子高齢化は
猛スピードで進んでいる

「少子高齢化」。

この言葉は連日マスコミで取り上げられ、目にしない日がないほどです。ところが、少子高齢化がどのくらいのスピードで進行するのかを正確に理解している人はそう多くありません。実は、これからお話することは、今後、少子高齢化がどのくらいのスピードで進行するのかを知っているのと知らないのとでは、受け止め方がまったく変わってきてしまいますので、まずはこの点から確認しておこうと思います。

国立社会保障・人口研究所のホームページには、様々な人口統計の資料が掲載されています。次ページの図表は、同研究所のホームページに掲載されていた表の数字をベースに私が修正を加えたものです。

この図表の右側の欄には、「現役老人比率」があります。

これは、15～64歳の人口を65歳以上の人口で割った数字で、15～64歳の現役世代が何人で65歳以上の老人1人を支えるのかを表しています。

■ 現役老人比率の推計

区分(年)	総人口(単位 万人)	総人口に占める割合(%)			現役老人比率〈15〜64歳÷65歳以上〉(単位 人)
		0〜14歳	15〜64歳	65歳以上	
1950	8,411	35.4	59.6	4.9	12.16
1960	9,430	30.2	64.1	5.7	11.24
1970	10,476	24.0	68.9	7.1	9.70
1980	11,706	23.5	67.3	9.1	7.39
1990	12,361	18.2	69.5	12.0	5.79
2000	12,693	14.6	67.9	17.3	3.92
2010	12,806	13.2	63.8	23.0	2.77
2020	12,410	11.7	59.2	29.1	2.03
2030	11,662	10.3	58.1	31.6	1.83
2040	10,728	10.0	53.9	36.1	1.49
2050	9,708	9.7	51.5	38.8	1.32
2060	8,674	9.1	50.9	39.9	1.27

出典：国立社会保障・人口問題研究所ホームページ　社会保障統計年報データベース
第Ⅱ部　社会保障関係統計資料編　第1節　人口統計　第2表　年齢3区分別人口の推移

　この推移を見れば、今後いかに猛スピードで少子高齢化が進むかがおわかりいただけると思います。

　また、15〜64歳の方の中には、学生や専業主婦や失業中の方もいます。ですから、2060年の1.27人という数字は、実質的には1人ともいえるでしょう。

つまり、2060年には、15〜64歳の現役世代1人で65歳以上の老人1人を支える社会になる、ということです。

　おそらく、その頃には、電車やバスのシートの半分は、シルバーシートになっていることでしょうし、お年寄りの街として有名な巣鴨には今以上に老人が溢れかえっているのは間違いありません。

　少々話が脱線しましたが、日本が直面している少子高齢化は、猛スピードで進行し、2060年には、15〜64歳の現役世代1人で65歳以上の老人1人を支えなくてはならない社会になるのです。まずは、この点をしっかり認識しておいてください。

2 年金制度の仕組みと少子高齢化の影響

　少子高齢化が猛スピードで進行することを認識していただいたら、次は年金制度の運営方式について知っておいていただきたいことがあります。つまり、国民から集めた年金保険料を、国がどのように運用しているか、ということですが、これには「賦課方式」と「積立方式」の2つがあります。

　賦課方式とは、現在の現役世代が納付する年金保険料が、現在の老人世代の年金を支える仕組みをいいます（現役世代が老人世代を支える仕組み）。

　これに対し積立方式とは、現在の現役世代が納付する年金保険料が積立てられ、それが将来、現在の現役世代に年金として支給される仕組みをいいます（現役世代が自分たちの将来を支える仕組み）。

　現在の公的年金は、現在の現役世代が納付する年金保険料が、現在の老人世代の年金を支えるという仕組みを基本としつつ、年金保険料の一部を積立てておくという極めて賦課方式に近い修正積立方式で運用されています。

　そのため、毎月、会社と従業員が折半で負担する厚生年金保険料は、

納付されると、そのほとんどが直ちに現在の老人世代の年金の財源として使われます。

このことから、賦課方式（修正積立方式）で年金を運営するためには、常に、現役世代によって納付される年金保険料と老人世代に支給される年金のバランスをとる必要があります。

ところが、少子高齢化が進むと、年金保険料を納付する現役世代が少なくなり、年金を受け取る高齢者が多くなるため、政府が何の対策も講じなければ、納付される年金保険料が少なくなり、支給される年金が多くなってバランスが崩れてしまいます。

そのため、政府は少子高齢化が進めば進むほど、納付される年金保険料と支給される年金のバランスをとるために年金保険料を引き上げると同時に、年金の支給開始年齢を遅らせたり、年金の支給水準を引き下げたりする必要があるのです。

もし、公的年金が積立方式で運営されていれば、少子高齢化が進んだ現在においても、納付される年金保険料と支給される年金のバランスをとるために年金保険料を引き上げたり、年金の支給開始年齢を遅らせたり、年金の支給水準を引き下げたりする必要はなかったことでしょう。

3 厚生年金保険料はいつまで引き上げされるのか

　次ページの表は、1954年5月以降の厚生年金保険料率の推移を示しています。

　厚生年金保険料は1960年代から1980年代までは比較的ゆるやかに上昇してきましたが、1990年代から急激に引き上げられています。

　2003年4月に厚生年金保険料率が引き下げられていますが、これは、賞与も含めた総報酬をベースに厚生年金保険料を納めるようになったためであり、厚生年金保険料の負担が軽くなったわけではありません。

　厚生年金保険料は、2005年から2017年まで毎年0.354％ずつ引き上げられ、2017年に18.3％になったところで、それ以上は引き上げられないことになっています。

　しかし、先に見たように、現役老人比率は、2010年には2.77人だったのが、2060年には1.27人となることが予測されており、2017年はまだまだ少子高齢化の途上にあります。とすれば、2017年以降も、納付される年金保険料と支給される年金のバランスをとるために、年々、厚生年金保険料が引き上げられることも十分に予想できます。

■ 選択制確定拠出年金が求められる背景を知ろう ■

■ 厚生年金保険料率の推移

適用期間	厚生年金保険料率(％)
1954年5月～1960年4月まで	3
1960年4月～1965年4月まで	3.5
1965年5月～1969年10月まで	5.5
1969年11月～1971年10月まで	6.2
1971年11月～1973年10月まで	6.4
1973年11月～1976年7月まで	7.6
1976年8月～1980年9月まで	9.1
1980年10月～1985年9月まで	10.6
1985年10月～1989年12月まで	12.4
1990年1月～1990年12月まで	14.3
1991年1月～1994年10月まで	14.5
1994年11月～1996年9月まで	16.5
1996年10月～2003年3月まで	17.35
2003年4月～2004年9月まで	13.58
2004年10月～2005年8月まで	13.934
2005年9月～2006年8月まで	14.288
2006年9月～2007年8月まで	14.642
2007年9月～2008年8月まで	14.996
2008年9月～2009年8月まで	15.35
2009年9月～2010年8月まで	15.704
2010年9月～2011年8月まで	16.058
2011年9月～2012年8月まで	16.412
2012年9月～2013年8月まで	16.766
2013年9月～2014年8月まで	17.12
2014年9月～2015年8月まで	17.474
2015年9月～2016年8月まで	17.828
2016年9月～2017年8月まで	18.182
2017年9月以降	18.3

健康保険料や介護保険料は さらなる引き上げが予想される

　高齢者の医療費は若者の約5倍かかるといわれています。この高齢者分を中心としたその年の医療保険給付は、主に現役世代が負担する健康保険料によって賄われています。したがって、少子高齢化が進むほど、現役世代が負担する健康保険料を引き上げる必要があります。

　2016年4月現在の東京都の健康保険料率は9.96％です。しかし先に見たように、2010年には2.77人だった現役老人比率は、2060年には1.27人となることが予測されており、現在はまだまだ少子高齢化の途上にあるため、今後も、健康保険料は、引き上げられることが予想されます。

　介護保険についても、健康保険と同じように現役が高齢者を支える仕組みになっているので、2016年4月現在の介護保険料率は1.58％ですが、今後も、介護保険料は健康保険料と同様に引き上げられることが予想されます。

公的年金の支給開始年齢は段階的に引き上げられてきた

　厚生年金は1944年にスタートしましたが、当時の支給開始年齢は55歳でした。

　ところが、1954年の法改正により、男性は1957年から16年かけて55歳から60歳に引き上げられました。続いて、1985年の法改正により女性は1987年から12年かけて55歳から60歳に引き上げられました。

　また、1994年の法改正により定額部分（国民年金の老齢基礎年金に相当する部分）について、男性は2001年から12年かけて60歳から65歳に引き上げられ、女性は2006年から12年かけて60歳から65歳に引き上げられています。

　さらに、2000年の法改正により報酬比例部分（厚生年金の老齢厚生年金に相当する部分）について、男性は2013年から12年かけて60歳から65歳に引き上げられ、女性は2018年から12年かけて60歳から65歳に引き上げられます。

　この結果、男性は1961年4月2日生まれの方が65歳になる2026年4月2日以降、女性は1966年4月2日生まれの方が65歳になる2031年4月2日以降、65歳から公的年金の支給が開始されることになります。

■ 公的年金の支給開始年齢

	生年月日	受けられる年金					
		60歳	61歳	62歳	63歳	64歳	65歳
①	男1941.4.1以前	報酬比例部分					老齢厚生年金
	女1946.4.1以前	定額部分					老齢基礎年金
②	男1941.4.2～1943.4.1	■	■	■	■	■	老齢厚生年金
	女1946.4.2～1948.4.1		■	■	■	■	老齢基礎年金
③	男1943.4.2～1945.4.1	■	■	■	■	■	老齢厚生年金
	女1948.4.2～1950.4.1			■	■	■	老齢基礎年金
④	男1945.4.2～1947.4.1	■	■	■	■	■	老齢厚生年金
	女1950.4.2～1952.4.1				■	■	老齢基礎年金
⑤	男1947.4.2～1949.4.1	■	■	■	■	■	老齢厚生年金
	女1952.4.2～1954.4.1					■	老齢基礎年金
⑥	男1949.4.2～1953.4.1		■	■	■	■	老齢厚生年金
	女1954.4.2～1958.4.1						老齢基礎年金
⑦	男1953.4.2～1955.4.1			■	■	■	老齢厚生年金
	女1958.4.2～1960.4.1						老齢基礎年金
⑧	男1955.4.2～1957.4.1				■	■	老齢厚生年金
	女1960.4.2～1962.4.1						老齢基礎年金
⑨	男1957.4.2～1959.4.1					■	老齢厚生年金
	女1962.4.2～1964.4.1						老齢基礎年金
⑩	男1959.4.2～1961.4.1					■	老齢厚生年金
	女1964.4.2～1966.4.1						老齢基礎年金
⑪	男1961.4.2以降						老齢厚生年金
	女1966.4.2以降						老齢基礎年金

←――――60歳台前半の老齢厚生年金――――→

　しかし、現役老人比率は、2060年には1.27人となることが予測されており、2026年、2031年はまだまだ少子高齢化の途上にあります。とすれば、納付される年金保険料と支給される年金のバランスをとるために、年金支給開始年齢は、65歳から70歳に段階的に引き上げられ、さらに70歳から75歳に段階的に引き上げられることも十分に考えられます。

■ 選択制確定拠出年金が求められる背景を知ろう ■

公的年金は実際にいくらもらえるのか

老齢基礎年金（国民年金）と老齢厚生年金（厚生年金）のおおまかな年金額は、それぞれ以下の計算式により算出することができます。

【老齢基礎年金】

780,100円×保険料納付月数（20歳～60歳）÷480

20歳から60歳までの480ヶ月間保険料を納付していれば満額（780,100円）受け取れて、60歳で480ヶ月に満たない場合はその分年金額が減っていきます。

【老齢厚生年金】

2003年4月に賞与も含めた総報酬をベースに厚生年金保険料を納めるようになったため、老齢厚生年金は、2003年3月までの期間と2003年4月以降の期間に分けて計算します。

- 2003年3月までの期間に用いる計算式
  平均標準報酬月額×7.125／1,000×加入期間の月数
- 2003年4月以降の期間に用いる計算式
  平均標準報酬額×5.481／1,000×加入期間の月数

この老齢基礎年金と老齢厚生年金の計算式をベースに、年金太郎さんという架空の人物の年金を計算してみましょう。

　年金太郎さんは、1993年4月1日生まれで、2016年4月1日に23歳で住菱物産に入社し、2058年4月1日に65歳で同社を退職するとします。2013年4月1日から2016年3月31日まで（20歳から22歳まで）国民年金に加入して保険料を納付しています。
　また、厚生年金の加入月数は、入社した2016年4月から2058年3月までの期間は504ヶ月で、この期間の平均標準報酬月額は360,000円とします。
　この前提で年金太郎さんが受け取れる年金を計算してみます。

●年金太郎さんの老齢基礎年金

　年金太郎さんは、20歳から60歳までの480ヶ月間保険料を納付しています。従って、以下の計算式により、年金太郎さんの老齢基礎年金の年額は780,100円になります。
780,100円×480ヶ月÷480＝780,100円

●年金太郎さんの老齢厚生年金

360,000円×5.481／1,000×504ヶ月＝994,472円
　年金太郎さんの例では、老齢基礎年金として年額780,100円、老齢厚生年金として年額994,472円、合計で年額1,774,572円（月額147,881円）の公的年金の支給を受けることになります。

　しかし、1993年4月1日生まれの年金太郎さんが65歳になっている2058年の現役老人比率は1.32人未満になっていることから、現在の状況と年金太郎さんが年金を受給する時期の状況は全く異なってきます。

そのため、年金太郎さんが65歳の時には、年金支給開始年齢が70歳以上に引き上げられていて公的年金を1円も受給できないという可能性が十分にあります。また、仮に65歳で公的年金を受給できたとしても、生活保護費と大きな差がない程度まで、支給水準が下がっている可能性も十分にあります。

7 今こそ老後資金の効率的な積立と社会保険料の削減が必要

　前項までに説明してきたように、少子高齢化のスピードは想像を絶するほど速く進展し、15〜64歳の現役1人で65歳以上の老人1人を支えることになります（2060年の現役老人比率は1.27人です）。

　そのため、現役が老人を支える仕組みになっている公的年金は、少なくとも現在より将来の方が悪化していることは確実です（それどころか、いつからいくらもらえるのかさえわかりません）。

　とすれば、もはや公的年金を老後の生活資金のあてにすることはできません。だから、今から老後の生活資金のために、効率的に積立をする必要があるのです。

　もし、老後資金の対策を何もしないならば、みじめな老後を迎えることになってしまいます。

　でも「生活保護があるから大丈夫」と考えている方がいるかもしれません。しかし、生活保護の対象者が増え続けたなら、その財源はどうなるのでしょうか？　生活保護の制度が今のような形で将来もあると断言できるでしょうか？　仮に、生活保護でなんとか生きていけたとしても、それが充実した楽しい生活といえるでしょうか？　もしもお孫さんがい

ても、アンパンマンやバイキンマンのぬいぐるみ1つも買ってあげることさえできないのではないでしょうか。

　また、**厚生年金保険料、健康保険料、介護保険料といった社会保険料は、今後も引き上げられることが確実である以上、これらの社会保険料を折半で負担する会社と社員は、社会保険料の削減を検討する必要があるといえるでしょう。**

　もし、社会保険料の削減を検討しなかったら、社会保険料の引き上げ以上に給与が上昇しない限り、手取は減り続け、会社と社員の社会保険料の負担は大きくなる一方です。そうなれば社員のモチベーションは下がり、会社の業績にも影響が出るかもしれません。

　社員の老後資金のための効率的な積立と、会社と社員の社会保険料負担の削減、この2つの問題の対処として有効な手段があります。それが、本書で紹介する「選択制確定拠出年金」の導入なのです。

厚生年金は世代によって損得が分かれる制度である

　厚生年金は、互いの助け合い(相互扶助)に基づく制度ですから、本来、損得で考えるべきものではないのかもしれません。だからといって、厚生年金が得な制度なのか、損な制度なのかを考えたり、知ったりしてはいけないということにはなりません。

　厚生年金が得な制度なのか、損な制度なのかという点については、実に様々な見解や試算があるようです。

　次ページの表は、学習院大学の鈴木亘教授の世代別の損得計算の結果です。

　この計算に当たって想定しているのは、厚生年金に40年間加入していた男性で、専業主婦の妻がいる人です。生涯収入は3億円として計算しています。

　各世代が平均的な余命まで生きる場合の、生涯に受け取る年金額の総額から生涯に支払う保険料(会社負担分と社員負担分の合計)の総額を差し引いた金額がプラスなら得、マイナスならば損ということになります。

　将来、保険料率を再引き上げして年金改革をするのか、給付カットを

して年金改革をするのかにより、試算結果が異なります。

　表の左側（保険料率再引上げ）は将来年金改革の手段として保険料率をさらに引き上げて改革した場合の試算結果で、右側（スライド追加調整）は将来給付カットによって改革した場合の試算結果です。

■ 公的年金の世代別損得計算（学習院大学の鈴木亘教授試算による）

(単位：万円)

	保険料率再引上げ	スライド追加調整
1940年生まれ	3,090	3,090
1945年生まれ	1,770	1,770
1950年生まれ	770	750
1955年生まれ	210	170
1960年生まれ	-260	-350
1965年生まれ	-660	-800
1970年生まれ	-1,050	-1,220
1975年生まれ	-1,380	-1,590
1980年生まれ	-1,700	-1,890
1985年生まれ	-1,980	-2,120
1990年生まれ	-2,240	-2,280
1995年生まれ	-2,460	-2,340
2000年生まれ	-2,610	-2,360
2005年生まれ	-2,740	-2,360
2010年生まれ	-2,840	-2,370

出典：「年金は本当にもらえるのか？」（鈴木亘著・筑摩書房発行）

この鈴木教授の試算結果によれば、1960年生まれ以降のすべての世代で厚生年金は損な制度であり、後から生まれる世代ほど厚生年金は損であるといえます。

　現在、年金を受給している世代の方から、「厚生年金にちゃんと入っていてよかった」という声を耳にしたとしても、そのことは、現在の現役世代には全く参考にはなりません。

　現在の現役世代が、年金を受給する時期になったときに、「若い時から厚生年金だけを頼りにすることなく、選択制確定拠出年金に加入して社会保険料などを削減しながら老後資金を効率的に積立してきてよかった」となるか、「若い時から厚生年金だけを頼りにしていたので、生活費も足りない」となるかは、今、どうするか、にかかっています。

　今日のことしか考えないのか、1週間先のことまでしか考えないのか、それとも20年、30年、40年といった先のことまで考えるのか。この違いが、将来の自分の生活に大きな差をもたらすのだと思います。

　厚生年金が得なのか損なのか、という点について興味がある方には、「年金は本当にもらえるのか？」(鈴木亘著・筑摩書房発行)の一読をお勧めいたします。

なぜ、選択制確定拠出年金を導入している会社は少ないのか

　脱サラをして、社会保険労務士事務所を立ち上げた当初、営業経験も実務経験もお客様もお金もなく、あるのは退屈な時間だけでした。

　そんなとき、先輩社労士から「継続雇用定着促進助成金」という助成金を教えてもらいました。
　この継続雇用定着促進助成金は、
　・就業規則で定年延長等をすること
　・1年以上雇用されている55歳以上65歳未満の従業員がいること
などの要件を満たせば、5年間で最大1,500万円受給可能でした。(既に廃止されています。)

　そこで、銀行から借り入れた営業資金で、約10万社に継続雇用定着促進助成金のファックスDMを送信し、最終的に約100社から受注することができました。

　継続雇用定着促進助成金を受注した会社の社長は、「どうして、他の会社は、継続雇用定着促進助成金を受給しないのかな？　返済不要のお金をもらえるのに不思議だよ」と異口同音に言われていました。

　助成金を受給するかどうかは、会社の自由です。そのため、社長が情報にアンテナを張っていなければ、会社が助成金を受給することはありません。

ファックスDMを受信した約10万社の会社のほとんどが、ファックスDMを読まないでゴミ箱に捨ててしまい、ほとんどの会社が継続雇用定着促進助成金を受給する機会を逸したのだと思います。

　選択制確定拠出年金を導入すれば、社員は、社会保険料や所得税などを削減しながら、老後の生活資金を積立できます。
　また、会社と社員が負担する社会保険料や労働保険料を削減できるため、社員だけはなく会社にもメリットがあります。

　このように社員と会社の双方にメリットがある選択制確定拠出年金ですが、選択制確定拠出年金を導入している会社は、まだまだ少ないのが現状です。
　私が選択制確定拠出年金の導入をサポートさせて頂いた会社の社長は、「どうして、他の会社は、選択制確定拠出年金を導入していないのかな？　会社にも社員にもメリットが大きいのに不思議だよ」と異口同音に言われています。

　助成金を受給するかどうかが会社の自由であるのと同じように、選択制確定拠出年金を導入するかどうかも会社の自由です。

　そのため、社長が、社員の福利厚生に関心を持ち、情報にアンテナを張っていなければ、会社が選択制確定拠出年金を導入することはありません。

　社長が「社会保険料を削減できる選択制確定拠出年金についてですが……」という提案を受けたときに、「うちの会社は間に合っていますから」

とか、「社労士に任せているから」とか、「営業はお断りしているから」などと言って話を聞かないならば、この社長の会社に選択制確定拠出年金が導入されることはありません。

　反対に、「そういう制度は聞いたことがないので、まずは、話を聞かせて頂けますか？」と言って社長が話を聞くならば、おそらくその社長の会社に選択制確定拠出年金が導入されるでしょう。

　しかし、選択制確定拠出年金について聞く耳を持っている社長はそう多くはありません。
　このことが、確定拠出年金が多くの会社でまだ導入されていない一番大きな理由ではないかと私は感じています。

第2章

選択制確定拠出年金とはどのようなものか

社会保険料や所得税などを削減しながら
圧倒的に効率的に老後資金の積立ができる

簡単に社会保険・労働保険のおさらいをしよう

　本書をお読みになっている方の中には、そもそも「社会保険」とか「労働保険」と言われてもピンとこない方もいるのではないでしょうか？
　私自身、サラリーマンの頃は、給与明細書の差引支給額を一瞬見るだけでしたし、社会保険労務士試験の勉強をするまでは、そもそもどのような保険があるのかを正確に理解していませんでした。

　選択制確定拠出年金は、社会保険料や労働保険料などの削減効果があるので、まずは社会保険と労働保険について、簡単に説明をいたします。

　社会保険とは、厚生年金保険と健康保険と介護保険をいいます。労働保険とは、労災保険と雇用保険をいいます。
　以下、各保険を順番に説明いたします。

①厚生年金保険

　厚生年金保険は、社員・役員の老齢、障害、死亡について、保険給付を行います。
　厚生年金保険というと老後の年金をイメージしますが、障害を負ったときや死亡したときにも年金や一時金で給付を行っています。

2016年4月現在の厚生年金保険料率は17.828％で、会社と社員が折半で負担します。

②健康保険

健康保険は、社員・役員の業務外の疾病、負傷、死亡、出産やその被扶養者の疾病、負傷、死亡、出産について、保険給付を行います。

業務上の疾病、負傷、死亡については、労災保険が適用されます。

健康保険料率は、都道府県ごとに異なりますが、2016年4月現在の東京都の健康保険料率は9.96％です。健康保険料も、厚生年金保険料と同じく、会社と社員が折半で負担します。

③介護保険

介護保険は、被保険者の要介護状態または要支援状態について、保険給付を行います。

健康保険に加入している40歳以上65歳未満の方は、「介護保険第2号被保険者」と言われ、会社と社員が折半で介護保険料を負担します。

40歳になると突然、給与の手取が少なくなるのは、介護保険料が控除されるようになるからです。

2016年4月現在の介護保険料率は、1.58％です。介護保険料も、厚生年金保険料や健康保険料と同じく、会社と社員が折半で負担します。

④労災保険

労災保険の正式名称は、労働者災害補償保険といいます。労災保険は、業務災害や通勤災害について、保険給付を行います。

■ 選択制確定拠出年金とはどのようなものか ■

労災保険料率は、事業の種類により異なります。

2016年4月現在の労災保険料率は、高い事業では8.8‰（金属鉱業、非金属鉱業（石灰石鉱業またはドロマイト鉱業を除く）または石炭鉱業）、低い事業では0.25‰（通信業、放送業、新聞業または出版業など）です。

なお、労災保険料は、全額会社が負担します。

⑤雇用保険

雇用保険は、労働者が失業した場合や労働者について雇用の継続が困難となった場合に保険給付を行います。

雇用保険料率は、事業の種類により異なり、会社と社員が一定の割合で負担します。

以下は、2016年4月現在の雇用保険料率です。

事業の種類	保険率	会社負担分	社員負担分
一般の事業	1.1%	0.7%	0.4%
農林水産・清酒製造の事業	1.3%	0.8%	0.5%
建設の事業	1.4%	0.9%	0.5%

社会保険と労働保険の保険料率をまとめると、以下の表になります。

この表を見てわかる通り、社会保険が労働保険よりも保険料率が高く、とりわけ厚生年金保険の保険料が突出して高くなっていることがわかります。

■ **社会保険と労働保険の保険料率のまとめ**

		保険料率	会社負担分	社員負担分
社会保険	厚生年金保険	17.828%	8.914%	8.914%
	健康保険 (東京都の場合)	9.96%	4.98%	4.98%
	介護保険	1.58%	0.79%	0.79%
労働保険	労災保険 (その他の各種事業)	0.3%	0.3%	0%
	雇用保険(一般の事業)	1.1%	0.7%	0.4%

(2016年4月現在)

簡単に年金制度の
おさらいをしよう

　第1章の説明で、老後資金の効率的な積立と社会保険料の削減の必要性についてご理解を頂けたことと思います。これらのことは、日本全国の会社と社員にあてはまるので、それを理解する必要性は年々増しています。

　では、どうすれば老後資金の効率的な積立と社会保険料の削減ができるのか。それを可能にするのが、これから説明していく「選択制確定拠出年金」なのです。

　選択制確定拠出年金を理解するために、まずは、我が国の年金制度全体の仕組みを簡単におさらいしましょう。

①年金制度の仕組み
　年金制度の全体像は、次ページのように表わすことができます。

　まず、職業に係わらず、国民年金は、20歳以上60歳未満の日本に住むすべての人が加入する義務があります。

　自営業者等は、国民年金の第1号被保険者といわれ、1階の国民年金に加入します。なお、第1号被保険者は2階から3階の国民年金基金や3階の確定拠出年金に加入することも可能です。

■ 年金制度の全体像

階層	自営業者等 (第1号 被保険者)	社員・役員 (第2号被保険者)	公務員 (第2号 被保険者)	社員・役員・ 公務員の妻等 (第3号 被保険者)
3階	確定拠出 年金 (個人型)	確定拠出年金 (企業型・個人型) 厚生年金基金、 確定給付企業年金	年金払い 退職給付	
2階	国民年金基金	厚生年金保険		
1階	国民年金			
職業	自営業者等 (第1号 被保険者)	社員・役員 (第2号被保険者)	公務員 (第2号 被保険者)	社員・役員・ 公務員の妻等 (第3号 被保険者)

(2016年4月現在)

　社員・役員は、国民年金の第2号被保険者といわれ、1階の国民年金と2階の厚生年金保険に加入します。給与明細には「厚生年金保険料」としか記載されていなくても、厚生年金保険に加入している方は自動的に国民年金にも加入していることになります。なお、第2号被保険者は、3階の確定給付企業年金や確定拠出年金などに加入することも可能です。

　公務員も国民年金の第2号被保険者といわれ、1階の国民年金と2階の厚生年金保険と3階の年金払い退職給付に加入します。

　社員・役員・公務員に扶養されている妻等は、国民年金の第3号被保険者といわれ、国民年金に加入します。年間収入が、130万円未満かつ第2号被保険者である配偶者の年間収入の2分の1未満であることが必要です。国民年金の第3号被保険者は、本人の保険料負担はありません。

■ 選択制確定拠出年金とはどのようなものか ■

なお、確定拠出年金法の改正に伴い、2017年1月1日以降、個人型確定拠出年金の加入可能範囲が拡大されます。詳しくは、194ページを参照してください。

②確定拠出年金の仕組み

　次に、「選択制確定拠出年金」のうちの「確定拠出年金」について説明します。確定拠出年金は、2001年に確定拠出年金法が施行されてスタートした私的年金制度です。

　確定拠出年金は、加入者ごとの専用の口座に掛金を拠出して、加入者がそれを自分で運用します。そして、掛金とその運用益との合計額をもとに、年金または一時金が支給されます。このことからわかるように、確定拠出年金は積立方式で運営されます。ですから、少子高齢化の影響を受けることはありません。

　確定拠出年金には、個人が掛金を拠出する「個人型確定拠出年金」と企業が掛金を拠出する「企業型確定拠出年金」があります。
　そして、「選択制確定拠出年金」は、企業型確定拠出年金の導入方法の1つです。
　ごく簡単に言いますと、社員各人が「企業型確定拠出年金」に加入するかどうかを自由に選択できることから「選択制」という表現をつけています。

　企業型確定拠出年金は、国民年金や厚生年金保険のような公的年金ではなく、私的年金です。そのため、企業型確定拠出年金を導入するかどうかは会社の自由です。

とはいえ、後で紹介するように、企業型確定拠出年金を、選択制確定拠出年金という方法で導入することにより、社員にとっては社会保険料や所得税などを削減しながら老後資金を積立でき、会社にとっては会社負担の社会保険料や労働保険料の削減が可能となるため、この制度を導入するメリットはとても大きいのです。

確定拠出年金は圧倒的に効率的に老後資金を積立できる

　確定拠出年金を利用して掛金の積立をすると、通常の積立をする場合と比べて、老後資金を圧倒的に効率的に積立できます。以下この点について説明していきます。

　通常、銀行や証券会社で定期預金や投資信託の積立をすると、利息（運用益）に20.315％課税されます。これは源泉分離課税方式で、あらかじめ金融機関に天引きされます。

　これに対して、確定拠出年金を利用して定期預金や投資信託の積立をすると、利息（運用益）に課税されません。

　もしも、通常の定期預金や投資信託で老後資金の積立をしているならば、これを確定拠出年金の積立に変更するだけで、利息（運用益）への20.315％の課税を免れて、老後資金を通常の積立よりも圧倒的に効率的に積立できるようになります。

選択制確定拠出年金を導入すると社会保険料や所得税などを削減できる理由

　確定拠出年金を利用して定期預金や投資信託の積立をすると、利息(運用益)に対する20.315％の課税を免れます。この効果は、企業が掛金を拠出する企業型確定拠出年金であろうと、個人が掛金を拠出する個人型確定拠出年金であろうと同じです。

　企業型確定拠出年金の場合は、選択制という方法で導入することにより、さらに厚生年金保険料や健康保険料といった社会保険料などを削減する効果もあります。この点について説明していきますが、ここは本書の最も重要なポイントですので、しっかりと理解してください。

　まず、会社が拠出する企業型確定拠出年金の掛金は、社員の給与所得に算入されず、最初から給与としては支給されなかったものとして取り扱われます。その結果、この掛金には厚生年金保険料、健康保険料、介護保険料、労災保険料、雇用保険料、所得税、住民税がかかりません。このことから、既存の給与の一部を掛金とする（つまり、給与を減額して減額分を掛金とする）ことにより、これらの社会保険料や所得税などが削減されます。

　例えば、290,000円の給与から25,000円を掛金として拠出する場合には、今まで、290,000円に対して、社会保険料や所得税などがかかっ

ていましたが、290,000円の給与の一部である25,000円を掛金として拠出すれば、その分を差し引いた265,000円に対して社会保険料や所得税などがかかるだけで済むようになります。その結果、社会保険料や所得税などが削減されるのです。

　ポイントは、既存の給与に上乗せして掛金を拠出するのではなく、既存の給与の一部を掛金とすることです。

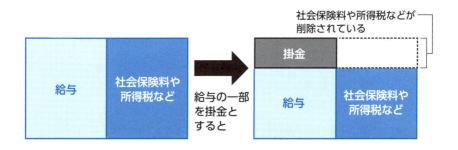

　とはいえ、会社が社員の意思を無視して、勝手に企業型確定拠出年金に加入させ、給与の一部を掛金として拠出することは当然認められません。そこで、既存の給与の一部を掛金とするためには、企業型確定拠出年金に加入するかどうかを社員に選択させる必要があります。
　また、掛金の金額も選択できるようにした方が、加入希望者にとって使いやすい制度になります。

　このように、企業型確定拠出年金に加入するかどうか、加入する場合、掛金をいくらにするかを社員が選択できるようにして導入した企業型確定拠出年金を、選択制確定拠出年金というのです。

　選択制確定拠出年金では、加入希望者が希望する掛金で企業型確定拠出年金に加入でき、希望しない者は加入しなくてよいため、社員がこの

制度の導入に反対することは考えにくく、スムーズな導入が可能です。

　また、既存の給与に上乗せして掛金を拠出するのではなく、既存の給与の一部を掛金とするため、掛金の捻出のために会社の負担が増えることはありません。むしろ、社会保険料や労働保険料の会社負担部分が軽減されるので、会社の負担は減ります。

　表1の例は、給与290,000円の方が、給与手取から毎月25,000円を個人で積立する場合と、選択制確定拠出年金の掛金として積立する場合を比較したものです。

　選択制確定拠出年金で毎月25,000円の積立をすると、個人で積立をする場合に比べて、7,757円の社会保険料等の削減効果がありますが、このことは社員の消費手取が7,757円増額することを意味しています。また、会社には6,204円の社会保険料等の削減効果があります。

　企業型確定拠出年金の掛金の上限額は55,000円ですが、表2の例は、給与290,000円の方が、給与手取から毎月55,000円を個人で積立する場合と、選択制確定拠出年金の掛金として積立する場合を比較したものです。

　選択制確定拠出年金で毎月55,000円の積立をすると、個人で積立をする場合に比べて、13,538円の社会保険料等の削減効果がありますが、このことは社員の消費手取が13,538円増額することを意味しています。また、会社には9,480円の社会保険料等の削減効果があります。

　表1と表2を比べると、掛金が大きければ大きいほど、社会保険料等

■ 表1　給与290,000円の方が毎月25,000円の積立をするケース

	個人で積立		選択制確定拠出年金で積立	
	個人のコスト	会社のコスト	個人のコスト	会社のコスト
給与		290,000円		265,000円
確定拠出年金の掛金				25,000円
厚生年金保険料	26,742円	26,742円	23,176円	23,176円
健康保険料	14,940円	14,940円	12,948円	12,948円
介護保険料	2,370円	2,370円	2,054円	2,054円
子ども・子育て拠出金		600円		520円
雇用保険料	1,160円	2,030円	1,060円	1,855円
労災保険料		870円		795円
所得税・復興特別税	5,666円		5,083円	
住民税	11,700円		10,500円	
コスト合計	62,578円	337,552円	54,821円 7,757円の社会保険料等の削減効果	331,348円 6,204円の社会保険料等の削減効果
給与手取	227,422円		210,179円	
個人で積立する金額	25,000円			
消費手取	202,422円		210,179円 7,757円の消費手取増額効果	

■ 表2　給与290,000円の方が毎月55,000円の積立をするケース

	個人で積立		選択制確定拠出年金で積立	
	個人のコスト	会社のコスト	個人のコスト	会社のコスト
給与		290,000円		235,000円
確定拠出年金の掛金				55,000円
厚生年金保険料	26,742円	26,742円	21,394円	21,394円
健康保険料	14,940円	14,940円	11,952円	11,952円
介護保険料	2,370円	2,370円	1,896円	1,896円
子ども・子育て拠出金		600円		480円
雇用保険料	1,160円	2,030円	940円	1,645円
労災保険料		870円		705円
所得税・復興特別税	5,666円		4,158円	
住民税	11,700円		8,700円	
コスト合計	62,578円	337,552円	49,040円　13,538円 の社会保険料等の削減効果	328,072円　9,480円の社会保険料等の削減効果
給与手取	227,422円		185,960円	
個人で積立する金額	55,000円			
消費手取	172,422円		185,960円　13,538円 の消費手取増額効果	

■ 選択制確定拠出年金とはどのようなものか ■

の削減効果が大きくなることがわかります。

　表3の例は、給与290,000円の方が、給与手取から毎月25,000円を個人で積立する場合と、毎月30,000円を選択制確定拠出年金の掛金として積立する場合を比較したものです。

　この表3の例では、選択制確定拠出年金での積立は、個人積立よりも積立金額は5,000円多いのに、給与手取も3,260円多いことがわかります。このことは、現在の生活水準を上げつつ、将来の老後資金のためにより多くの掛金を積立できることを意味しています。

■ 表3　給与290,000円の方が毎月25,000円の個人積立するのと毎月30,000円の選択制確定拠出年金積立をするのを比較

	個人で25,000円を積立		選択制確定拠出年金の掛金として30,000円を積立	
	個人のコスト	会社のコスト	個人のコスト	会社のコスト
給与		290,000円		260,000円
確定拠出年金の掛金				30,000円
厚生年金保険料	26,742円	26,742円	23,176円	23,176円
健康保険料	14,940円	14,940円	12,948円	12,948円
介護保険料	2,370円	2,370円	2,054円	2,054円
子ども・子育て拠出金		600円		520円
雇用保険料	1,160円	2,030円	1,040円	1,820円
労災保険料		870円		780円
所得税・復興特別税	5,660円		4,900円	
住民税	11,700円		10,200円	
コスト合計	62,578円	337,552円	54,318円 8,260円の社会保険料等の削減効果	331,298円 6,254円の社会保険料等の削減効果
給与手取	227,422円		205,682円	
個人で積立する金額	25,000円			
消費手取	202,422円		205,682円 個人積立よりも積立金額は5,000円多いのに、消費手取も3,260円多い	

■ 選択制確定拠出年金とはどのようなものか ■

選択制確定拠出年金が認められる法的な根拠

　選択制確定拠出年金は、①企業型確定拠出年金に加入するかどうかを社員に選択させる点と、②既存の給与の一部を確定拠出年金の掛金とする点に特徴がありますが、この法的根拠について説明します。

①企業型確定拠出年金への加入を社員に選択させる点について

　企業型確定拠出年金に加入するかどうかを社員に選択させるということは、言いかえれば、「加入者となることを希望した者」のみ企業型確定拠出年金の加入者とするということです。

　この点、確定拠出年金法第3条第3項第6号は、企業型確定拠出年金の規約に、企業型確定拠出年金の加入者となることについて「一定の資格」を定めることを認めています。

　厚生労働省の通知(※)は、この「一定の資格」に関して、「従業員のうち、『加入者となることを希望した者』のみ企業型年金加入者とすること。」を認めています。

> ※「確定拠出年金制度について」（平成13年8月21日年発第213号厚生労働省年金局長から地方厚生（支）局長あて通知）の別紙「確定拠出年金法並びにこれに基づく政令及び省令について（法令解釈）」第一 企業型年金規約承認基準等に関する事項　一（1）④「希望する者」

②既存の給与の一部を確定拠出年金の掛金とする点について

既存の給与の一部を確定拠出年金の掛金とするということは、言いかえれば、給与を減額して、その減額分をもって確定拠出年金の掛金とするということです。

確定拠出年金法は、企業型確定拠出年金の掛金について、事業主が掛金を拠出することは定めていますが（確定拠出年金法第19条第1項）、給与を減額して、その減額分をもって確定拠出年金の掛金とすることの可否について明文で定めていません。

しかし、厚生労働省のホームページに掲載されている「確定拠出年金Q＆A」には、次のようなQ＆Aが記載されています。

  給与や賞与を減額して、その減額分をもって確定拠出年金の掛金とすることは可能か。
  給与や賞与の減額の可否については、給与規程の問題である。

このQ＆Aから、給与規程（賃金規程）を適切に改定すれば、給与を減額して、その減額分をもって確定拠出年金の掛金とすること、つまり、既存の給与の一部を確定拠出年金の掛金とすることが認められる、ということがわかります。

以上から、選択制確定拠出年金は、非合法なものではなく、法的根拠がきちんとある合法的なものであることをご理解して頂けたかと思います。

厚生年金保険料を削減すると
将来の老齢厚生年金支給額はどれくらい減るのか

　選択制確定拠出年金に加入して掛金を拠出して厚生年金保険料を削減すると、将来の老齢厚生年金の支給額は減ります。
では、どれくらい老齢厚生年金の支給額は、減るのでしょうか？

　将来の老齢厚生年金の支給水準がわからない以上、正確なシミュレーションは不可能なため、おおまかなシミュレーションをしてみます。

　架空の人物である年金次郎さんは、1993年4月1日生まれとします。2016年4月1日に23歳で会社に入社し、65歳になった2058年4月1日に定年退職するとします。
　わかりやすくするために、給与は入社時から定年退職時まで35万円で賞与はないとします。
　年金次郎さんが65歳になる2058年には、現役老人比率は1.32人未満になっているため、公的年金の支給開始年齢の引き上げにより年金次郎さんは、65歳からではなく、70歳から老齢厚生年金を10年間受給して亡くなるとします。

　この年金次郎さんが、選択制確定拠出年金に加入して厚生年金保険料などを削減するケースでは、23歳で会社に入社した2016年4月1日から65歳になる直前の2058年3月31日まで選択制確定拠出年金の掛金を

25,000円に設定していたとします。(資格喪失年齢を65歳にしているとします。)

①厚生年金保険料を削減しなかった場合の老齢厚生年金支給額

まず、厚生年金保険料を削減しなかった場合(選択制確定拠出年金に加入しなかった場合)の老齢厚生年金支給額を計算してみます。

老齢厚生年金(厚生年金)のおおまかな年金額は、次の計算式により算出することができます。

> ・2003年3月までの期間に用いる計算式
>   平均標準報酬月額×7.125 ／ 1,000×加入期間の月数
> ・2003年4月以降の期間に用いる計算式
>   平均標準報酬額×5.481 ／ 1,000×加入期間の月数

年金次郎さんは、2016年4月に会社に入社し厚生年金に加入しているため、2003年4月以降の期間に用いる計算式だけを使います。

年金次郎さんの平均標準報酬額は360,000円です。加入期間は、2016年4月から2058年3月までの504ヶ月です。

その結果、以下の計算式により、老齢厚生年金の年額は、994,472円になります。

360,000円×5.481 ／ 1,000×504ヶ月＝994,472円

この年金を70歳から10年間受給したとすると、以下の計算式により、老齢厚生年金支給額は総額で9,944,720円になります。

994,472円×10年＝9,944,720円

②厚生年金保険料を削減した場合の老齢厚生年金支給額

　次に、厚生年金保険料を削減した場合（選択制確定拠出年金に加入した場合）の老齢厚生年金支給額を計算してみます。

　老齢厚生年金については、350,000円の給与から掛金25,000円を差し引くと325,000円となるため、平均標準報酬額は320,000円となります。
　加入期間は、2016年4月から2058年3月までの504ヶ月です。
　その結果、以下の計算式により、老齢厚生年金の年額は、883,975円になります。
　320,000円×5.481／1,000×504ヶ月＝883,975円

　この年金を公的年金の支給開始年齢の引き上げにより、70歳から10年間受給したとすると、以下の計算式により、老齢厚生年金支給額は総額で8,839,750円になります。
　883,975円×10年＝8,839,750円

　従って、年金次郎さんのケースでは、選択制確定拠出年金に加入して掛金を拠出し、厚生年金保険料を削減すると、以下の計算式により、552,490円将来の老齢厚生年金の支給額が減ります。
　9,944,720円－8,839,750円＝1,104,970円

　なお、年金次郎さんの老齢基礎年金の支給額は減りません。また、年金次郎さんの妻が専業主婦で、老齢基礎年金を支給される場合、年金次郎さんの妻の老齢基礎年金の支給額も減りません。

　では、年金次郎さんは、この間にいくらの社会保険料等の削減をする

ことができたのでしょうか？

　40歳以上65歳未満の期間は、介護保険第2号被保険者として介護保険料が徴収されるため、40歳未満の期間と40歳以上65歳未満の期間に分けて、社会保険料等の削減額がわかる表を作成しました（66 〜 67ページ）。

　表1の40歳未満の期間（204ヶ月間）の個人負担分の社会保険料等の削減額（1,609,764円）と表2の40歳以上65歳未満の期間（300ヶ月間）の個人負担分の社会保険料等削減額（2,424,600円）を足すと、4,034,364円となります。

　従って、年金次郎さんは、4,034,364円の社会保険料等の削減をすることができたことになります。

■ 表1　介護保険料を控除しない40歳未満の期間
　　　　（2016年4月から2033年3月までの204ヶ月間）

	選択制確定拠出年金に加入しなかった場合		選択制確定拠出年金に加入した場合	
	個人のコスト	会社のコスト	個人のコスト	会社のコスト
給与		350,000円		325,000円
確定拠出年金の掛金				25,000円
厚生年金保険料	32,090円	32,090円	28,525円	28,525円
健康保険料	17,928円	17,928円	15,936円	15,936円
介護保険料				
子ども・子育て拠出金		720円		640円
雇用保険料	1,400円	2,450円	1,300円	2,275円
労災保険料		1,050円		975円
所得税・復興特別税	7,750円		7,016円	
住民税	15,800円		14,300円	
コスト合計	74,968円	404,238円	67,077円	398,351円
1ヶ月あたりの社会保険料等の削減額			7,891円	5,887円
204ヶ月間の社会保険料等の削減額			1,609,764円	1,200,948円

■ 表2　介護保険料を控除する40歳以上65歳未満の期間
　　　　（2033年4月から2058年3月までの300ヶ月間）

	選択制確定拠出年金に加入しなかった場合		選択制確定拠出年金に加入した場合	
	個人のコスト	会社のコスト	個人のコスト	会社のコスト
給与		350,000円		325,000円
確定拠出年金の掛金				25,000円
厚生年金保険料	32,090円	32,090円	28,525円	28,525円
健康保険料	17,928円	17,928円	15,936円	15,936円
介護保険料	2,844円	2,844円	2,528円	2,528円
子ども・子育て拠出金		720円		640円
雇用保険料	1,400円	2,450円	1,300円	2,275円
労災保険料		1,050円		975円
所得税・復興特別税	7,600円		6,891円	
住民税	15,500円		14,100円	
コスト合計	77,362円	407,082円	69,280円	400,879円
1ヶ月あたりの社会保険料等の削減額			8,082円	6,203円
300ヶ月間の社会保険料等の削減額			2,424,600円	1,860,900円

■ 選択制確定拠出年金とはどのようなものか ■

なお、老齢厚生年金支給減額は、現在の支給水準で計算していますが、少子高齢化の進展に伴い、支給水準の低下が予想されるため、実際にはこの金額よりも大幅に少なくなると考えられます。

　また、社会保険料等削減額は、現在の社会保険料率で計算していますが、少子高齢化の進展に伴い、社会保険料の上昇が予想されるため、実際には、この金額よりも大幅に多くなると考えられます。

老齢厚生年金支給減額	1,104,970円	実際にはこの金額よりも大幅に少なくなる
社会保険料等削減額	4,034,364円	実際にはこの金額よりも大幅に多くなる

　these considered, **選択制確定拠出年金に加入して掛金を拠出して厚生年金保険料を削減すると、将来の老齢厚生年金の支給額は減るものの、社会保険料等の削減効果を考慮すれば、圧倒的に得する可能性が高いと考えられます。**

　なお、年金次郎さんの年金資産は、以下の通りとなります。

利率	元利合計	元本	利息
0.1%	12,874,640円	12,600,000円	274,640円
1.0%	15,719,334円	12,600,000円	3,119,334円
2.0%	19,847,840円	12,600,000円	7,247,840円
3.0%	25,345,168円	12,600,000円	12,745,168円

会社負担の社会保険料等削減額の驚異的なシミュレーション結果

　選択制確定拠出年金で積立をした場合、会社負担の社会保険料や労働保険料が削減されます。

　この会社負担の社会保険料等の削減額は、掛金が高いほど、加入者数が多いほど、また、加入期間が長いほど大きくなります。

　そこで、選択制確定拠出年金を導入した場合に、どのくらい会社負担の社会保険料等の削減効果があるのかをシミュレーションします。

　給与250,000円の社員が掛金25,000円を拠出した場合と、給与500,000円の社員が掛金50,000円を拠出した場合に分けてシミュレーションをします。

①給与250,000円の社員が掛金25,000円を拠出した場合

まず、給与250,000円の社員が掛金25,000円を拠出した場合、会社負担の社会保険料等の削減効果は、以下の表1に記載のとおり、1ヶ月で1人あたり6,203円になります。

■ 表1　給与250,000円の方が掛金25,000円を拠出するケース

	個人で積立		選択制確定拠出年金で積立	
	個人のコスト	会社のコスト	個人のコスト	会社のコスト
給与		250,000円		225,000円
確定拠出年金の掛金				25,000円
厚生年金保険料	23,176円	23,176円	19,611円	19,611円
健康保険料	12,948円	12,948円	10,956円	10,956円
介護保険料	2,054円	2,054円	1,738円	1,738円
子ども・子育て拠出金		520円		440円
雇用保険料	1,000円	1,750円	900円	1,575円
労災保険料		750円		675円
所得税・復興特別税	4,541円		3,958円	
住民税	9,500円		8,300円	
コスト合計	53,219円	291,198円	45,463円 7,756円の社会保険料等の削減効果	284,995円 6,203円の社会保険料等の削減効果

これを前提に、加入者数及び加入期間別の会社負担の社会保険料等削減効果をシミュレーションした結果が以下の表2です。

■ 表2　加入者数及び加入期間別の会社負担の社会保険料等削減効果

加入期間 \ 加入者数	1人	50人	100人	300人
1ヶ月	6,203円	310,150円	620,300円	1,860,900円
1年	74,436円	3,721,800円	7,443,600円	22,330,800円
10年	744,360円	37,218,000円	74,436,000円	223,308,000円
20年	1,488,720円	74,436,000円	148,872,000円	446,616,000円
30年	2,233,080円	111,654,000円	223,308,000円	669,924,000円
40年	2,977,440円	148,872,000円	297,744,000円	893,232,000円

会社負担の社会保険料等の削減効果は、1ヶ月で1人あたり6,203円にすぎませんが、40年で300人あたり893,232,000円にもなります。

②給与500,000円の社員が掛金50,000円を拠出した場合

次に、給与500,000円の社員が掛金50,000円を拠出した場合、会社負担の社会保険料等の削減効果は、以下の表3に記載のとおり、1ヶ月で1人あたり9,430円になります。

■ 表3　給与500,000円の方が掛金50,000円を拠出するケース

	個人で積立		選択制確定拠出年金で積立	
	個人のコスト	会社のコスト	個人のコスト	会社のコスト
給与		500,000円		450,000円
確定拠出年金の掛金				50,000円
厚生年金保険料	44,570円	44,570円	39,222円	39,222円
健康保険料	24,900円	24,900円	21,912円	21,912円
介護保険料	3,950円	3,950円	3,476円	3,476円
子ども・子育て拠出金		1,000円		880円
雇用保険料	2,000円	3,500円	1,800円	3,150円
労災保険料		1,500円		1,350円
所得税・復興特別税	17,000円		13,850円	
住民税	25,400円		22,300円	
コスト合計	117,820円	579,420円	102,560円 15,260円 の社会保険料等の削減効果	569,990円 9,430円の社会保険料等の削減効果

これを前提に、加入者数及び加入期間別の会社負担の社会保険料等削減効果をシミュレーションした結果が以下の表4です。

■ 表4　加入者数及び加入期間別の会社負担の社会保険料等削減効果

加入者数 加入期間	1人	50人	100人	300人
1ヶ月	9,430円	471,500円	943,000円	2,829,000円
1年	113,160円	5,658,000円	11,316,000円	33,948,000円
10年	1,131,600円	56,580,000円	113,160,000円	339,480,000円
20年	2,263,200円	113,160,000円	226,320,000円	678,960,000円
30年	3,394,800円	169,740,000円	339,480,000円	1,018,440,000円
40年	4,526,400円	226,320,000円	452,640,000円	1,357,920,000円

　会社負担分の社会保険料等の削減メリットは、1ヶ月で1人あたり9,430円にすぎませんが、40年で300人あたり1,357,920,000円にもなります。

　年々、保険料が上昇することが見込まれますが、本項のシミュレーションでは、2016年4月現在の保険料率で計算しています。従って、おおまかなシミュレーションではありますが、選択制確定拠出年金は、会社にとって非常に大きなメリットがあることがおわかりいただけると思います。

■　選択制確定拠出年金とはどのようなものか　■

社会保険料削減以外にも会社にとってメリットがある

①社員のモチベーションが向上する

　これまで何度もお伝えしたように、選択制確定拠出年金の導入は、社員にとって老後資金の効率的な積立や社会保険料等の削減という大きなメリットをもたらします。

　社会保険料等の削減は、実質的な賃金アップともいえるので、社員のモチベーションを非常に高める効果もあるでしょう。

　モチベーションの高い社員は、どうすればより良い商品・サービスをお客様に提供できるのか、物事を創造的かつ肯定的に考えて提案し、自ら進んで実行していきます。
　このようなモチベーションの高い社員が集まる職場には、明るさと活気があり、経営者の期待以上に社員は成果を出していきます。

　こうしたことから、社員が会社に将来性があると感じるようになり、そのため人材の定着率が向上し、会社の業績が向上することが期待できます。

②優秀な人材の獲得につながる

　多くの会社の求人票には、「社保完備」と記載されています。しかし、

社会保険は強制適用なのだから、「社保完備」は当たり前のことで、何ら求職者に対するアピールになりません。

これに対し、求人票に「選択制確定拠出年金完備」と記載されていたらどうでしょうか？ おそらく、相当目立つであろうし、選択制確定拠出年金とは何だろう、と興味を持たれるのではないでしょうか？

そこで、人材採用の面接の際に、選択制確定拠出年金には、社会保険料等の削減や老後資金の効率的な積立が可能であることを説明し、社員のために選択制確定拠出年金を導入していることを説明すれば、いかに会社が社員のことを大切にしているのかをアピールすることができます。

求職者が同じような労働条件の同業他社も受験していたなら、選択制確定拠出年金を導入している会社を選択する可能性が高まるでしょう。

その結果、同業他社よりも、優秀な人材を採用することができます。優秀な人材は、会社の戦力として大きな期待をすることができますが、そればかりではなく、他の社員にも良い刺激になり、ぬるま湯的な雰囲気から緊張感のある引き締まった雰囲気に変わっていくことも期待できます。こうして社内の雰囲気が変われば、会社の業績も自ずと向上するのではないでしょうか。

③副作用のない経費削減

売上－経費＝利益という公式からわかるとおり、会社が利益を増やす方法は、売上を増やすか経費を減らすかのどちらかしかありません。

一般的に、売上を増やすことよりも経費を減らすことの方が簡単です。しかし、経費削減には、副作用が伴う場合があります。

例えば、広告費を削減した場合には、売上が下がるという副作用が伴う可能性があります。

また、人件費を削減した場合には、優秀な人材が流出したり、社員のモチベーションが下がったりするという副作用が伴う可能性があります。

これに対し、選択制確定拠出年金を導入して給与の一部を掛金として拠出することで社会保険料等を削減した場合には、副作用がないばかりか、社員のモチベーションが上がるなどの効果も期待できます。

選択制確定拠出年金の導入は、数少ない副作用のない経費削減方法の1つといえるでしょう。

④ 日本が元気になって欲しい

選択制確定拠出年金の導入により、社員のモチベーションや人材の定着率が向上し、優秀な人材を獲得し、会社の業績が向上することを期待できます。

会社の業績が向上し、事業が拡大すれば、会社は新たに人材を雇用することができます。また、利益を社員に還元し、社員の給与水準を上昇させることも可能になります。その結果、国の税金や保険料の収入増加も期待できます。

少々話が大きくなりましたが、選択制確定拠出年金を導入することで、社員、会社、ひいては日本という社会全体が繁栄して元気になることを期待しています。

第3章

導入を決めるにあたって
知っておくべきこと①

選択制確定拠出年金の加入対象者は誰か

1

厚生年金に加入している
60歳未満の方であることが必要

①選択制確定拠出年金の加入対象者

　選択制確定拠出年金の加入対象者は、以下の(ア)～(ウ)のすべてに該当する方です。社員であろうと役員であろうと違いはありません。
　(ア)厚生年金に加入していること
　(イ)60歳未満であること
　(ウ)加入を希望すること

②パートタイマーや契約社員も加入できるか

　会社は、不当な差別的な取り扱いがないように、全ての従業員に確定拠出年金加入者となるべき措置を講じるものとされています。従って、パートタイマー・契約社員についても、①の(ア)～(ウ)のすべてに該当すれば、選択制確定拠出年金の加入対象者となります。

　ただし、労働条件が著しく異なっている者について確定拠出年金加入者としない場合は、必ずしも不当な差別的な取り扱いを行うこととならない旨の通知があります。

　そのため、就業規則(本則)の適用除外者としてパートタイマー・契約社員が明記されていれば、労働条件が著しく異なっている者とみなされ、選択制確定拠出年金の対象者としないとすることができます。

③50歳以上の人も加入対象者となるのか

50歳以上の方についても、①の（ア）〜（ウ）のすべてに該当すれば、選択制確定拠出年金の加入対象者となります。

もっとも、60歳から老齢給付金を受給するためには、60歳になった時点での加入期間が10年あることが必要です。

加入した時点での年齢が50歳以上であったために、60歳になった時点で加入期間が10年に満たない場合は、60歳になった時点での加入期間に応じて受給開始が遅れます（詳細は142 〜 143ページに掲載しています）。

60歳から老齢給付金を受給するまでの期間は、企業型確定拠出年金の運用指図者になり、新たに掛金を拠出できず、運用を続けることができるのみです。この期間は、60歳までの加入期間中に会社が負担していた確定拠出年金の手数料を自ら負担するというデメリットがあります。

しかし、選択制確定拠出年金の場合には、社会保険料や所得税などの削減効果があるため、50歳以上の方でも、選択制確定拠出年金の加入には、このデメリットを上回るメリットがあることが多いとも考えられます。

④当初、加入を希望しなかった人が加入を希望した場合

選択制確定拠出年金の加入対象者となるためには、加入を希望することが必要ですが、加入を希望するのは、いつでも構いません。選択制確定拠出年金の導入時や入社時に加入を希望しなかった方でも、後日、希

望すれば、加入できます。

　ただし、一旦加入者となった場合には、原則として、掛金を中断することはできません。

2

資格喪失年齢の引き上げ

　企業型確定拠出年金の資格喪失年齢は60歳でしたが、法改正より資格喪失年齢を65歳まで引き上げることが可能になりました。

　仮に、資格喪失年齢を65歳に引き上げた場合、加入者は65歳になるか、退職するまで、老齢給付金を受給できません。

　なお、資格喪失年齢の引き上げの対象者は、同一事業所において60歳以前から継続して雇用されている加入者です。

加入者である従業員が退職したら 確定拠出年金の取扱いはどうなるのか

　確定拠出年金制度の特長の1つとして、離職・転職の際に、自分の年金資産を自由に持ち運べる点があげられます。この年金資産の携帯性をポータビリティといいます。

　ひと昔前は、1つの企業に定年まで勤務するのが一般的でしたが、最近では、転職するのが一般的になっているため、確定拠出年金のポータビリティ制度は、時代に対応している優れた特長といえます。

　具体的な退職後の取扱いは、ケースごとに異なりますので、以下、具体例を用いてポータビリティを説明いたします。

①自営業者（国民年金の第1号被保険者）になった場合

　自営業者（国民年金の第1号被保険者）になった場合には、個人型確定拠出年金の加入者になることができます。個人型確定拠出年金の加入者になった場合には、年金資産の運用を引き続き行うとともに、新たに掛金を拠出することができます。掛金の上限額は月額68,000円です。

　個人型確定拠出年金の運用指図者になることもできますが、この場合には、年金資産の運用だけを行い、新たに掛金を拠出することができません。

②企業型確定拠出年金を実施している会社に転職した場合

　企業型確定拠出年金を実施している会社に転職した場合には、年金資産を移換して、引き続き企業型確定拠出年金の加入者となることができます。この場合、年金資産の運用を引き続き行うとともに、新たに掛金を拠出することができます。

　掛金の上限額は月額55,000円です（厚生年金基金、確定給付企業年金と併用している場合の掛金の上限額は月額27,500円です）。

③企業型確定拠出年金を実施していない会社に転職した場合

　企業型確定拠出年金を実施していない会社に転職した場合には、その転職先の会社が厚生年金基金、確定給付企業年金といった企業年金を実施しているかどうかにより取扱いが異なります。

　転職先の会社が厚生年金基金、確定給付企業年金といった企業年金も実施していない場合には、個人型確定拠出年金の加入者になることができます。この場合には、年金資産の運用を引き続き行うとともに、新たに掛金を拠出することができます。掛金の上限額は月額23,000円です。

　個人型確定拠出年金の運用指図者になることもできますが、この場合には、新たに掛金を拠出することができず、年金資産の運用だけを行います。

　転職先の会社が厚生年金基金、確定給付企業年金といった企業年金を実施している場合には、個人型確定拠出年金の運用指図者になります。この場合には、新たに掛金を拠出することができず、年金資産の運用だけを行います。

④夫が会社員である専業主婦など、国民年金の第3号被保険者になった場合

夫が会社員である専業主婦など、国民年金の第3号被保険者になった場合には、個人型確定拠出年金の運用指図者になります。この場合には、新たに掛金を拠出することができず、年金資産の運用だけを行います。

■ 加入者が離職・転職したらどうなるか

転職先	個人別年金資産の移換先	加入形態	掛金の上限額
自営業者 （国民年金第1号被保険者）	個人型確定拠出年金	加入者 運用指図者	68,000円
企業型確定拠出年金を実施している会社 （企業年金を併用している）	企業型確定拠出年金	加入者	27,500円
企業型確定拠出年金を実施している会社 （企業年金は併用していない）	企業型確定拠出年金	加入者	55,000円
企業型確定拠出年金を実施していない会社 （企業年金も実施していない）	個人型確定拠出年金	加入者 運用指図者	23,000円
企業型確定拠出年金を実施していない会社 （企業年金は実施している）	個人型確定拠出年金	運用指図者	拠出不可
夫が会社員である専業主婦など （国民年金の第3号被保険者）	個人型確定拠出年金	運用指図者	拠出不可

（2016年6月現在）

なお、確定拠出年金法の改正に伴い、2017年1月1日以降、個人型確定拠出年金の加入可能範囲が拡大されます。詳しくは、194ページを参照ください。

第4章

導入を決めるにあたって
知っておくべきこと

掛金の金額の限度額や決定方法など

掛金の最高限度額は 55,000 円

　現在の選択制確定拠出年金(企業型確定拠出年金)の掛金の上限額は月額55,000円です。ただし、厚生年金基金、確定給付企業年金と併用する場合の掛金の上限額は月額27,500円です。

■ 選択制確定拠出年金の掛金の最高限度額

厚生年金基金、確定給付企業年金と併用しない場合	月額55,000円
厚生年金基金、確定給付企業年金と併用する場合	月額27,500円

　これに対して、選択制確定拠出年金(企業型確定拠出年金)の掛金の下限額は法律上定められていません。もっとも、確定拠出年金制度が「国民の高齢期における所得の確保に係る自主的な努力を支援し、もって公的年金の給付と相まって国民の生活の安定と福祉の向上に寄与することを目的」としている以上、あまりに低額な掛金を設定できるとするのは制度の趣旨に合いません。そのため、掛金の下限額は少なくとも月額3,000円以上にして制度設計した方がよいと考えています。

　なお、掛金の額の単位(刻み)についても、法律上定められていませんが、上記の確定拠出年金制度の目的や事務処理の便宜を図るため、1円単位ではなく、1,000円単位や5,000円単位で制度設計した方がよいと考えています。

2 社会保険料が削減される時期はいつなのか

　選択制確定拠出年金は、厚生年金保険料、健康保険料、介護保険料、雇用保険料、労災保険料、所得税、住民税を削減する効果があります。この中で突出して負担が大きいのは会社と社員が折半で負担する厚生年金保険料と健康保険料といった社会保険料です。

　そこで、厚生年金保険料、健康保険料、介護保険料といった社会保険料がどのように決定や改定されるのかを説明いたします。

　社会保険料は、報酬の支給額（掛金は含まれません）を標準報酬表にあてはめて導かれる標準報酬月額ごとに決定されます。

　次ページの表は、2016年4月現在の標準報酬月額表です。

　例えば、295,000円の給与を支給されている場合、報酬の支給額が290,000円以上310,000円未満であるため、標準報酬月額は300,000円とされます。
　このように、社会保険料は、標準報酬月額ごとに決定されるため、選択制確定拠出年金で掛金を拠出しても、その掛金の額がわずかであるために、掛金を差し引いた報酬の支給額が従前の標準報酬月額の範囲内にあるならば、社会保険料は変更（削減）されません。

■ 導入を決めるにあたって知っておくべきこと② ■

■ 標準報酬月額表(2016年4月分・東京都・単位:円)

標準報酬		報酬月額	全国健康保険協会管掌健康保険料				厚生年金保険料 (厚生年金基金加入員を除く)	
			介護保険第2号被保険者に該当しない場合 9.96%		介護保険第2号被保険者に該当する場合 11.54%		一般の被保険者等 17.828※	
等級	月額		全額	折半額	全額	折半額	全額	折半額
1	58,000	以上~未満 ~63,000	5,776.80	2,888.40	6,693.20	3,346.60		
2	68,000	63,000~73,000	6,772.80	3,386.40	7,847.20	3,923.60		
3	78,000	73,000~83,000	7,768.80	3,884.40	9,001.20	4,500.60		
4	88,000	83,000~93,000	8,764.80	4,382.40	10,155.20	5,077.60		
5 (1)	98,000	93,000~101,000	9,760.80	4,880.40	11,309.20	5,654.60	17,471.44	8,735.72
6 (2)	104,000	101,000~107,000	10,358.40	5,179.20	12,001.60	6,000.80	18,541.12	9,270.56
7 (3)	110,000	107,000~114,000	10,956.00	5,478.00	12,694.00	6,347.00	19,610.80	9,805.40
8 (4)	118,000	114,000~122,000	11,752.80	5,876.40	13,617.20	6,808.60	21,037.04	10,518.52
9 (5)	126,000	122,000~130,000	12,549.60	6,274.80	14,540.40	7,270.20	22,463.28	11,231.64
10 (6)	134,000	130,000~138,000	13,346.40	6,673.20	15,463.60	7,731.80	23,889.52	11,944.76
11 (7)	142,000	138,000~146,000	14,143.20	7,071.60	16,386.80	8,193.40	25,315.76	12,657.88
12 (8)	150,000	146,000~155,000	14,940.00	7,470.00	17,310.00	8,655.00	26,742.00	13,371.00
13 (9)	160,000	155,000~165,000	15,936.00	7,968.00	18,464.00	9,232.00	28,524.80	14,262.40
14 (10)	170,000	165,000~175,000	16,932.00	8,466.00	19,618.00	9,809.00	30,307.60	15,153.80
15 (11)	180,000	175,000~185,000	17,928.00	8,964.00	20,772.00	10,386.00	32,090.40	16,045.20
16 (12)	190,000	185,000~195,000	18,924.00	9,462.00	21,926.00	10,963.00	33,873.20	16,936.60
17 (13)	200,000	195,000~210,000	19,920.00	9,960.00	23,080.00	11,540.00	35,656.00	17,828.00
18 (14)	220,000	210,000~230,000	21,912.00	10,956.00	25,388.00	12,694.00	39,221.60	19,610.80
19 (15)	240,000	230,000~250,000	23,904.00	11,952.00	27,696.00	13,848.00	42,787.20	21,393.60
20 (16)	260,000	250,000~270,000	25,896.00	12,948.00	30,004.00	15,002.00	46,352.80	23,176.40
21 (17)	280,000	270,000~290,000	27,888.00	13,944.00	32,312.00	16,156.00	49,918.40	24,959.20
22 (18)	300,000	290,000~310,000	29,880.00	14,940.00	34,620.00	17,310.00	53,484.00	26,742.00
23 (19)	320,000	310,000~330,000	31,872.00	15,936.00	36,928.00	18,464.00	57,049.60	28,524.80
24 (20)	340,000	330,000~350,000	33,864.00	16,932.00	39,236.00	19,618.00	60,615.20	30,307.60
25 (21)	360,000	350,000~370,000	35,856.00	17,928.00	41,544.00	20,772.00	64,180.80	32,090.40
26 (22)	380,000	370,000~395,000	37,848.00	18,924.00	43,852.00	21,926.00	67,746.40	33,873.20
27 (23)	410,000	395,000~425,000	40,836.00	20,418.00	47,314.00	23,657.00	73,094.80	36,547.40
28 (24)	440,000	425,000~455,000	43,824.00	21,912.00	50,776.00	25,388.00	78,443.20	39,221.60
29 (25)	470,000	455,000~485,000	46,812.00	23,406.00	54,238.00	27,119.00	83,791.60	41,895.80
30 (26)	500,000	485,000~515,000	49,800.00	24,900.00	57,700.00	28,850.00	89,140.00	44,570.00
31 (27)	530,000	515,000~545,000	52,788.00	26,394.00	61,162.00	30,581.00	94,488.40	47,244.20
32 (28)	560,000	545,000~575,000	55,776.00	27,888.00	64,624.00	32,312.00	99,836.80	49,918.40
33 (29)	590,000	575,000~605,000	58,764.00	29,382.00	68,086.00	34,043.00	105,185.20	52,592.60
34 (30)	620,000	605,000~635,000	61,752.00	30,876.00	71,548.00	35,774.00	110,533.60	55,266.80
35	650,000	635,000~665,000	64,740.00	32,370.00	75,010.00	37,505.00		
36	680,000	665,000~695,000	67,728.00	33,864.00	78,472.00	39,236.00		
37	710,000	695,000~730,000	70,716.00	35,358.00	81,934.00	40,967.00		
38	750,000	730,000~770,000	74,700.00	37,350.00	86,550.00	43,275.00		
39	790,000	770,000~810,000	78,684.00	39,342.00	91,166.00	45,583.00		
40	830,000	810,000~855,000	82,668.00	41,334.00	95,782.00	47,891.00		
41	880,000	855,000~905,000	87,648.00	43,824.00	101,552.00	50,776.00		
42	930,000	905,000~955,000	92,628.00	46,314.00	107,322.00	53,661.00		
43	980,000	955,000~1,005,000	97,608.00	48,804.00	113,092.00	56,546.00		
44	1,030,000	1,005,000~1,055,000	102,588.00	51,294.00	118,862.00	59,431.00		
45	1,090,000	1,055,000~1,115,000	108,564.00	54,282.00	125,786.00	62,893.00		
46	1,150,000	1,115,000~1,175,000	114,540.00	57,270.00	132,710.00	66,355.00		
47	1,210,000	1,175,000~1,235,000	120,516.00	60,258.00	139,634.00	69,817.00		
48	1,270,000	1,235,000~1,295,000	126,492.00	63,246.00	146,558.00	73,279.00		
49	1,330,000	1,295,000~1,355,000	132,468.00	66,234.00	153,482.00	76,741.00		
50	1,390,000	1,355,000~	138,444.0	69,222.00	160,406.00	80,203.00		

※等級欄の( )内の数字は厚生年金保険の標準報酬月額等級です。
5(1)等級の「報酬月額」欄は、厚生年金保険の場合「101,000円未満」と読み替えてください。
34(30)等級の「報酬月額」欄は、厚生年金保険の場合「605,000円以上」と読み替えてください。

例えば、295,000円の給与を支給されていた方が掛金を5,000円に設定した場合、給与の支給額は290,000円になりますが、これでは報酬の支給額が290,000円以上310,000円未満であるため、標準報酬月額は300,000円のままとなり、社会保険料は変更（削減）されません。

　社会保険料を削減するためには、少なくとも標準報酬月額が1等級以上は下がるように掛金を設定する必要があります。

　社会保険料は「定時決定」により変更されます。
　定時決定とは、おおまかにいうと、4月、5月、6月に支給された報酬の平均額を標準報酬月額表にあてはめて、その年の新しい標準報酬月額とし、その年の9月から翌年の8月まで適用するというものです。

　基本給や役付手当などの固定的賃金の変動に伴って大幅な賃金の変更があった場合には、「定時決定」を待たずに、「随時改定」により社会保険料が変更されます。
　随時改定とは、おおまかにいうと、固定的賃金の変動に伴って、3ヶ月間に支給された報酬の平均額が該当する標準報酬月額と今までの標準報酬月額との間に2等級以上の差が生じた場合に、その3ヶ月間に支給された報酬の平均額が該当する標準報酬月額に4ヶ月目に改定することをいいます。

選択制確定拠出年金の導入に伴い、固定的賃金である基本給が変更されるため、選択制確定拠出年金の導入と同時に加入した場合には、「随時改定」により社会保険料が変更されることがあります。

　例えば、295,000円の給与を支給されていた方が、選択制確定拠出年金の導入と同時に加入し、8月支給分の給与から30,000円の掛金を設定したとします。この場合、8月、9月、10月の3ヶ月間に支給された給与の平均額は265,000円で260,000円の標準報酬月額に該当します。

　260,000円の標準報酬月額は、今までの標準報酬月額（300,000円）と2等級の差があるため、4ヶ月目である11月に標準報酬月額は260,000円に改定され、12月支給分の給与から新しい社会保険料を控除することになります。

3

労働保険料が削減される時期はいつなのか

　労働保険料(労災保険料と雇用保険料)の変更時期は、掛金を拠出した月からです。

　ただし、掛金の拠出により変更(削減)された労働保険料(確定保険料)を納付するのは、翌年の「年度更新」の際です。

　そこで、年度更新について、簡単に説明いたします。

　労働保険料は、毎年年度初めに、その年の4月1日から翌年3月31日までに労働者に支払う予定の賃金見込額に保険料率を掛けて算出します。ここでいう労働保険料は、見込額(概算)で納付するため、「概算保険料」といいます。
　「概算保険料」の納付は、その年の4月1日から翌年3月31日までに労働者に支払う予定の賃金見込額を少なくした方が得をします。

　そこで、翌年度の初めに、過去1年間に実際に支払った賃金総額に保険料率を掛けて正しい保険料額を計算します。これを「確定保険料」といいます。1年前に見込みで支払った「概算保険料」と正しい保険料である「確定保険料」を比較し、過不足を精算すると同時に、その年度の賃金見込額に基づいて、また「概算保険料」を計算します。

■ 導入を決めるにあたって知っておくべきこと②　■

精算をした結果、不足額が生じた場合は、その年度の「概算保険料」と一緒に追加納付します。余った場合は、その年の「概算保険料」に充当します。

　毎年、前年の確定保険料の申告・納付と本年の概算保険料の申告・納付をするのですが、これを「年度更新」といい、毎年、6月1日から7月10日頃の間に行います。

所得税と住民税が削減される時期はいつなのか

所得税の変更時期は、掛金を拠出した月からです。

これに対して、住民税は、前年の所得をベースに算定された住民税を6月以降に納付するため、変更時期は、掛金を拠出した年の翌年6月からです。

■ 社会保険料などの変更時期

	変更時期
社会保険料	9月（定時決定） 選択制確定拠出年金の導入と同時に加入し、2等級以上変動した場合は変動後4ヶ月目
労働保険料	掛金の拠出月
所得税	掛金の拠出月
住民税	翌年6月

給与が高額な場合は節税効果が大きい

　厚生年金保険料の標準報酬月額の最高等級は620,000円（605,000円～）です。また、健康保険料・介護保険料の標準報酬月額の最高等級は1,390,000円（1,355,000円～）です。

　そのため、報酬月額が1,410,000円以上の方は、選択制確定拠出年金で55,000円の掛金（掛金の上限）を積立しても、社会保険料の標準報酬月額の等級が下がらないため、社会保険料を削減できません。

　もっとも、所得税の税率は、課税される所得金額に応じて税率が高くなるため、節税効果が大きくなります。

　次ページの表は、給与2,000,000円の方が選択制確定拠出年金で毎月掛金55,000円を積立した場合のシミュレーションです。

　このケースでは、55,000円の掛金で所得税や住民税などを27,978円も削減できます。

■ 給与2,000,000円の方が毎月掛金55,000円をするケース

	積立をする前		積立をした後	
	個人のコスト	会社のコスト	個人のコスト	会社のコスト
給与		2,000,000円		1,945,000円
確定拠出年金の掛金				55,000円
厚生年金保険料	55,267円	55,267円	55,267円	55,267円
健康保険料	69,222円	69,222円	69,222円	69,222円
介護保険料	10,981円	10,981円	10,981円	10,981円
子ども・子育て拠出金		1,240円		1,240円
雇用保険料	8,000円	14,000円	7,780円	13,615円
労災保険料		6,000円		5,835円
所得税・復興特別税	423,983円		401,625円	
住民税	162,600円		157,200円	
コスト合計	730,053円	2,156,710円	702,015円 27,978円の所得税・住民税等の削減効果	2,156,160円 550円の労働保険料等の削減効果

■ 導入を決めるにあたって知っておくべきこと②

掛金の額を決めるうえで注意すること

①社員が掛金を設定する場合の注意点

　掛金が多ければ多いほど、社会保険料などの削減効果は大きく、老後資金も多く積立をできます。

　しかしながら、確定拠出年金の加入者は、60歳以上にならないと、今まで拠出した掛金とその運用額を老齢給付金として受給することができません。このことは、生活費が足りなくなったとか、急に資金が必要になったからといっても、原則として60歳になるまでは掛金やその運用益を引き出すことができないことを意味します。従って、この点を考慮したうえで、掛金を設定する必要があります。

　そこで、現在の生活にゆとりがあれば、掛金を上限額の55,000円に設定し、そうでない場合には、社会保険料の削減や老後資金の積立の観点から最低でも標準報酬月額が1等級下がる程度の掛金を設定するのが望ましいと考えます。

　標準報酬月額が1等級下がる程度の掛金を設定することもできない場合には、最低の3,000円に掛金を設定するのが望ましいです。少額の掛金でも、所得税、住民税、雇用保険料を削減できるし、少額の掛金でも早く積立を始めることが、より多くの老後の生活資金の形成につながる

からです。

②原則として掛金の拠出を中断することはできない

　選択制確定拠出年金に加入した後は、原則として掛金の拠出を中断することはできません。

　ただし、休職期間（会社都合以外）、育児休業期間、介護休業期間中は、無給の期間に限り、掛金の拠出を中断することができます。

　なお、掛金の額を変更することは可能です。そのため、高額な掛金の拠出が困難になった場合は、掛金を最低の3,000円に変更できます。

第5章

選択制確定拠出年金の導入

選択制確定拠出年金は6ヶ月程度で導入できる

1
導入する方法には
単独型と総合型がある

　選択制確定拠出年金を導入する方法には、単独型と総合型があります。

　単独型は、選択制確定拠出年金を実施しようとする会社が、単独で年金規約を作成し、厚生労働大臣から年金規約の承認を得て、選択制確定拠出年金を導入するという方法です。

　これに対して、総合型は、既に厚生労働省から承認されている年金規約を持っている会社を代表事業主として、この代表事業主の確定拠出年金に実施事業主として参加して、選択制確定拠出年金を導入するという方法です。

　総合型なら年金規約を一から作成する必要がないため、単独型と比べて容易に選択制確定拠出年金を導入できます。
　そのため、確定拠出年金を扱う会社に依頼して、総合型で選択制確定拠出年金を導入するのが一般的です。

総合型で導入する場合には どのような書類が必要か

総合型で選択制確定拠出年金を導入する場合に必要となるそれぞれの書類について、ここで説明していきましょう。

①同意書

総合型で選択制確定拠出年金を導入するためには、既に厚生労働省から承認されている代表事業主の年金規約を変更して実施事業主を追加する必要があります。

年金規約を変更するためには、その変更について厚生労働大臣の承認を受ける必要があります。

この変更の承認の申請は、実施事業所に使用される被用者年金被保険者等の過半数で組織する労働組合があるときは当該労働組合、当該被用者年金被保険者等の過半数で組織する労働組合がないときは当該被用者年金被保険者等の過半数を代表する者の同意を得て行う必要があります。

そのため、労働組合または被用者年金被保険者等の過半数を代表する者の「同意書」が必要になります。

選択制確定拠出年金の場合、加入するかどうかは社員の自由な意思に委ねられているため、労働組合または被用者年金被保険者等の過半数を

代表する者が同意しないということは、まず、ありえません。

以下は、「同意書」のフォーマットです。

　　　　　　　　　　　　　　　　　　　　　　　　年　　月　　日

（事業主名）殿

　　　労働組合の名称及び当該労働組合を代表する者の氏名
　　　又は被用者年金被保険者等の過半数を代表する者の氏名

　　　　　　　　　　　　　　　　　　　　　　　　　　　　㊞

　　　　　　　　　　　　　　　同意書

確定拠出年金法の規定に基づく企業型年金規約の変更及び　　厚生
（支）局長に対する承認の申請に同意します。

---

②「労働組合の現況について」または「証明書」

　厚生年金被保険者等の過半数により組織されている労働組合がある場合には、「労働組合の現況について」という書類が必要です。この書類により、労働組合が厚生年金被保険者等の過半数により組織されていることを事業主が証明します。

　以下は、「労働組合の現況について」のフォーマットです。

労働組合の現況について

　年　　月　　日現在の標記状況は以下の通りです。

1. 厚生年金適用事業所名
2. 労働組合の名称
3. 当該厚生年金適用事業所に使用される被用者年金被保険者等の数
4. 当該厚生年金適用事業所に使用される被用者年金被保険者等のうち当該労働組合の組合員の数

　上記のとおり相違ないことを証明します。

　　年　　月　　日
　　厚生(支)局長　殿
　　　　　　厚生年金適用事業所名
　　　　　　　　所在地
　　　　　　　　事業主名　　　　　　　　㊞
　　　　　　　　住所

厚生年金被保険者等の過半数により組織されている労働組合がない場合には、「証明書」という書類が必要です。この書類により、「同意書」に署名捺印した者が、厚生年金被保険者等の過半数を代表するものとして、正当に選出されたものであることを事業主が証明します。

　以下は、「証明書」のフォーマットです。

証明書

　下記の者が当厚生年金適用事業所の被用者年金被保険者等の過半数を代表するものとして、正当に選出されたものであることを証明します。

記

　1. 所属
　2. 役職
　3. 氏名
　4. 住所
　5. 選出方法

　上記のとおり相違ないことを証明します。

　　年　　月　　日

　厚生（支）局長　殿

　　　　　　　　　厚生年金適用事業所名
　　　　　　　　　　所在地
　　　　　　　　　　事業主名　　　　　㊞
　　　　　　　　　　住所

③労使合意に至るまでの労使協議の経緯

　確定拠出年金の実施について、労使間で協議が十分に行われた上で「同意書」が作成されたことがわかるように「労使合意に至るまでの労使協議の経緯」という書類を作成する必要があります。

　以下は、「労使合意に至るまでの労使協議の経緯」のフォーマットです。実際には、これを実態に即して適宜修正して使用しています。

　　　　　　　　　　　　　　　　　　　　　　　　年　　月　　日

厚生（支）局長　殿

　　　　　　　　　　　　厚生年金適用事業所名
　　　　　　　　　　　　所在地
　　　　　　　　　　　　事業主名　　　　　　　　㊞
　　　　　　　　　　　　住所

　　　　　　　　　　労使合意に至るまでの経緯

　確定拠出年金制度導入に関し、○○株式会社（以下「当社」という。）と当社の被用者年金被保険者等の過半数を代表する者●●●●とは、別紙の経緯により、合意に至った。

■ 選択制確定拠出年金の導入 ■

別紙

1. 提案
　　　年　　月　　日
　　当社代表取締役より、退職金制度として確定拠出年金(日本版401ｋ)○年○月メドに導入する予定であることを全社員に対し発表した。制度概要について説明し、質疑応答を行う。

2. 説明会の実施
　　　年　　月　　日
　　本社において、当社代表取締役より確定拠出年金制度の制度内容の説明を行った。
(説明内容)
・年金制度の概要、年金制度を取り巻く環境／企業業績への影響
・確定拠出年金制度について
　①掛金算定方法は、定率制とすること。
　②加入者資格は60歳未満の厚生年金被保険者(役員を含む)を対象とすること。
　③給付は老齢給付・障害給付・死亡給付があること、また、老齢給付は一時金または年金での給付が可能なことなど。
　④運営管理機関は●●、資産管理機関は○○となることなど。
　⑤運営管理費用は原則として在職中(60歳到達時まで)は事業主負担、退職後(60歳以降)は本人負担とすること。また、資産管理費用の残高比例手数料は事業主負担、給付に係る手数料は本人負担とすることなど。
　⑥休職期間中の掛金中断は、育児休業・介護休業および就業規則に定められた休職期間中(会社都合以外)は掛金の拠出を中断すること。
・制度導入スケジュール等
・質疑応答
　　特段質問はなかった。

3. 対応
　　会社代表者が社員からの質問や相談に対応。
　　(社員からの質問事項)
　　　　特段質問はなかった。

4. 合意
　　　年　　月　　日
　　当社は、当社の被用者年金被保険者等の過半数を代表する者、●●●●と確定拠出年金制度の導入について同意書を締結した。

以上

④ 確定拠出年金運営管理機関委託契約書（案）の写し

　確定拠出年金運営管理機関委託契約書は、契約当事者の印鑑押印がされている必要はなく、契約書の案の写しを提出すれば足ります。

　総合型で選択制確定拠出年金を導入する際には、便宜上、代表事業主が実施事業主から委任されて、実施事業主のために運営管理機関と確定拠出年金運営管理機関委託契約を締結することがあります。この場合には、実施事業主から代表事業主への「契約権限の委任状（案）の写し」を提出すれば、「確定拠出年金運営管理機関委託契約書（案）の写し」を提出する必要はありません。

　以下は、「契約権限の委任状」のフォーマットです。

　　　　　　　　　　　　　　　　　　　　　　　　年　　月　　日

代表事業主の社名を記載
代表取締役　●●●●殿

　　　　　　　　　　　住所　　　実施事業主の住所を記載
　　　　　　　　　　　会社名　　実施事業主の社名を記載
　　　　　　　　　　　代表者名　代表取締役　○○○○　㊞

　　　　　　　　　契約権限の委任状

　当社は、貴社を代理人と定めて、貴社が当社のためにする、（運営管理機関の社名を記載）との間で○年○月○日付締結の○○運営管理業務委託契約に関する一切の事項について権限を委任いたします。

　　　　　　　　　　　　　　　　　　　　　　　　　　　　以上

⑤資産管理契約書(案)の写し

　資産管理契約書は、契約当事者の印鑑押印がされている必要はなく、契約書の案の写しで足ります。

⑥就業規則の写し

　就業規則は、労働基準法等の法令に準拠していることが必要です。労働基準法等の法令は、頻繁に改正されているので、十分に確認することが必要です。

⑦育児休業規程の写し

　育児休業規程は、労働基準法等の法令に準拠していることが必要です。

⑧介護休業規程の写し

　介護休業規程は、労働基準法等の法令に準拠していることが必要です。

⑨賃金規程(給与規程)の写し

　選択制確定拠出年金の掛金の限度額は55,000円ですが、55,000円の一部を掛金とした場合には、55,000円から掛金を差し引いた金額は、前払選択金として会社から支給されます。例えば、掛金を40,000円とした場合には前払選択金として15,000円を会社から支給されます。

　このような取扱いをするために、賃金規程を改定して、「前払選択金」という支給項目を追加する必要があります。
　そこで、賃金の構成を示す条文がある場合には、この条文を変更して前払選択金を追加する必要があります。

　以下は、一般的な賃金規程の賃金の構成を示す条文を変更した場合の

変更後の条文です。基準内賃金および基準外賃金とは別に、新たに前払選択金を定めた変更点を青色で囲っています。

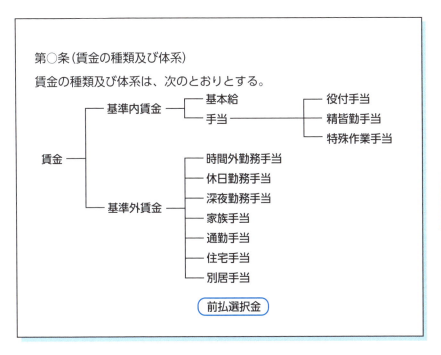

また、前払選択金の内容を定めた条文を支給項目に関する章に追加します。

　以下の条文は、賃金規程に追加する前払選択金の条文のサンプルです。

第○条（前払選択金）

前払選択金は、以下のとおり支給する。

(1) 選択制確定拠出年金の掛金及び前払選択金の合計額は、月額55,000円とする。

(2) 選択制確定拠出年金の掛金及び前払選択金の組み合わせは、別表の選択コースより選択するものとする。

(3) (2)にかかわらず60歳以上の者については、(1)の額のすべてを月例給与にあわせて前払選択金として支給する。

(4) 一旦、確定拠出年金加入者となった者は、掛金の額について別表の選択コース1（掛金額0円）を選ぶことはできない。

(5) 社員による選択コースの選択は年1回（毎年4月拠出分より）とし、変更を希望する社員は、毎年2月末までに会社に対して申請を行うものとする。ただし、災害や疾病、住宅の取得など会社がやむを得ないと判断した場合には随時に変更することを認める。

(6) 確定拠出年金加入者となる時期は加入することを希望した日の属する月の翌月1日とし、入社日の属する月は月末までの日数で日割り計算の上、相当額を給与にあわせて支給する。

　上記のサンプルの条文を使用する場合には、以下の別表を賃金規程の末尾に追加します。

別表

選択コース	確定拠出年金掛金	前払選択金
1	0円	55,000円
2	3,000円	52,000円
3	4,000円	51,000円
4	5,000円	50,000円
5	6,000円	49,000円
6	7,000円	48,000円
〜	〜	〜
49	50,000円	5,000円
50	51,000円	4,000円
51	52,000円	3,000円
52	53,000円	2,000円
53	54,000円	1,000円
54	55,000円	0円

　次に、通常支払われる賃金は、原則として割増賃金の計算基礎となる賃金に含められます。例外として次の(ア)〜(キ)の手当等については、割増賃金の計算基礎となる賃金から除外されます。
　(ア)家族手当
　(イ)通勤手当
　(ウ)別居手当
　(エ)子女教育手当
　(オ)住宅手当

(カ)臨時に支払われた賃金
(キ)1箇月を超える期間ごとに支払われる賃金

　従って、前払選択金は、割増賃金の計算基礎となる賃金に含められます。

　これに対して、選択制確定拠出年金の掛金は、賃金として支給されるものではないため、当然に割増賃金の計算基礎となる賃金とされるものではありません。しかし、確定拠出年金の掛金を割増賃金の計算基礎となる賃金に含めないと、選択制確定拠出年金加入者の利益が損なわれてしまいます。
　そこで、以下のような条文を追加します。

第○条(割増賃金の計算基礎となる賃金)
前払選択金及び選択制確定拠出年金の掛金は、割増賃金の計算基礎となる賃金に含めるものとする。

---

⑩選択制確定拠出年金規程の写し

　選択制確定拠出年金を導入するにあたり、新たに選択制確定拠出年金規程を作成する必要があります。選択制確定拠出年金規程は、賃金規程の改定と整合性を図る必要があります。

　以下は、選択制確定拠出年金規程のサンプルです。

選択制確定拠出年金規程

第1条（目的）
　この規程は、社員の高齢期の生活と福祉の向上を目的とする選択制確定拠出年金について定める。

第2条（対象者）
　この規程の対象者は、満60歳未満の社員とする。

第3条（選択制確定拠出年金の掛金及び前払選択金）
　選択制確定拠出年金の掛金及び前払選択金は、以下のとおり取り扱う。
(1) 選択制確定拠出年金の掛金及び前払選択金の合計額は、月額55,000円とする。
(2) 選択制確定拠出年金の掛金及び前払選択金の組み合わせは、別表1の選択コースより選択するものとする。
(3) (2)にかかわらず60歳以上の者については、(1)の額のすべてを月例給与にあわせて前払選択金として支給する。
(4) 一旦、確定拠出年金加入者となった者は、掛金の額について別表1の選択コース1（掛金額0円）を選ぶことはできない。
(5) 社員による選択コースの選択は年1回（毎年4月拠出分より）とし、変更を希望する社員は、毎年2月末までに会社に対して申請を行うものとする。ただし、災害や疾病、住宅の取得など会社がやむを得ないと判断した場合には随時に変更することを認める。
(6) 確定拠出年金加入者となる時期は加入することを希望した日の属する月の翌月1日とし、入社日の属する月は月末までの日数で日割り計算の上、相当額を給与にあわせて支給する。

第4条（運営管理業務の委託）
　会社は、前条の確定拠出年金制度を次に掲げる運営管理機関に運営

管理業務を委託する。
　　　委託先運営管理機関　　　　　○○○○株式会社

第5条（事業主拠出金の中断）
　第3条にかかわらず、就業規則第○条、育児休業規程第○条、介護休業規程第○条に定める休職期間のうち、無給の期間については選択制確定拠出年金の掛金及び前払選択金の支給を中断する。
2　前項に定める中断期間は、別に定める○○○○年金規約（以下、「年金規約」という。）によるものとする。

第6条（確定拠出年金の給付）
　確定拠出年金の給付に関しては、年金規約によるものとする。

第7条（確定拠出年金制度）
　確定拠出年金制度でこの規程に定めのない事項については、年金規約によるものとする。

第8条（退職月の取扱い）
　退職月は選択制確定拠出年金の掛金の対象としない。ただし、月末に退職した社員については、退職月までを対象とする。

第9条（規程の改廃）
　この規程は、関係諸法規の改正および社会経済情勢の変化などにより必要がある場合には改廃することがある。

附則
　この規程は○○年○月○日から施行する。

別表1

選択コース	確定拠出年金掛金	前払選択金
1	0円	55,000円
2	3,000円	52,000円
3	4,000円	51,000円
4	5,000円	50,000円
5	6,000円	49,000円
6	7,000円	48,000円
～	～	～
49	50,000円	5,000円
50	51,000円	4,000円
51	52,000円	3,000円
52	53,000円	2,000円
53	54,000円	1,000円
54	55,000円	0円

⑪役員にかかる確定拠出年金の実施に関する規程の写し

役員が選択制確定拠出年金に加入する場合には、役員にかかる確定拠出年金の実施に関する規程を作成する必要があります。

以下は、役員にかかる確定拠出年金の実施に関する規程のサンプルです。

役員にかかる確定拠出年金の実施に関する規程

第1条(総則)
　この規程は、○○株式会社の役員にかかる確定拠出年金事業主掛金の算定基礎について定めることを目的とする。

第2条(確定拠出年金の事業主掛金の算定基礎)
　役員の確定拠出年金事業主掛金の算定については、選択制確定拠出年金規程を準用する。

第3条(その他)
　その他確定拠出年金に係る規定は、別に定める○○年金規約に定めるところによる。

附則
　この規程は、○○年○月○日より施行・適用する。

⑫保険料納入済告知額・領収済額通知書の写し

　厚生年金適用事業所には、毎月、年金事務所から保険料納入済告知額・領収済額通知書が郵送されますが、そのうちの直近の保険料納入済告知額・領収済額通知書の写しが必要です。

　以下は、保険料納入告知額・領収済額通知書のサンプルです。

[保険料納入告知額・領収済額通知書のサンプル画像]

⑬規約の一部を変更する規約

　総合型で選択制確定拠出年金を導入する場合には、既に厚生労働大臣から承認されている代表事業主の年金規約を変更して実施事業主を追加する必要があります。そのため、「規約の一部を変更する規約」を作成する必要があります。

　「規約の一部を変更する規約(案)」は、既に厚生労働大臣から承認されている代表事業主の年金規約をベースに作成する必要があります。

　以下は、「規約の一部を変更する規約(案)」のサンプルです。

　　　　　　　　○○年金規約の一部を変更する規約
　　○○年金規約の一部を次のように変更する。
　附則
　　この規約は、○○年○月○日から施行する。
　　別紙○を追加する。

■ 選択制確定拠出年金の導入 ■

別紙○　○○株式会社

別表1．実施事業主（第○条関係）

名称	住所
○○株式会社	東京都○区・・・・

別表2．実施事業所（第○条関係）

厚生年金適用事業所の名称	厚生年金適用事業所の所在地
○○株式会社	東京都○区・・・・

別表3．実施事業所及び加入者の範囲（第○条・第○条関係）

実施事業所の名称（ア）	加入者となる時期（イ）	加入者となる者の範囲（ウ）	（ウ）を定めた就業規則	加入者の範囲から除く者（エ）
○○株式会社	加入することを希望した日の属する月の翌月1日	正社員・役員	就業規則○条	契約社員・パートタイマー・加入することを希望しなかった者

別表4．実施事業所及び掛金中断の範囲（第○条関係）

実施事業所の名称（ア）	掛金を中断する者（イ）	（イ）を定めた就業規則等（ウ）	中断する期間（エ）
○○株式会社	休職中の者	就業規則第○条 育児休業規程第○条 介護休業規程第○条	休職期間中（会社都合以外の事由に限る）のうち無給の期間

別表5．掛金の形態等(第○条関係)

実施事業所の名称(ア)	掛金の形態(イ)	定額掛金の額(ウ)	定率掛金の率(エ)	定率掛金の基礎とする基準給与等を定めた就業規則等(オ)
○○株式会社	定率	－	100/100	(正社員) 選択制確定拠出年金規程第○条 (役員) 役員にかかる確定拠出年金の実施に関する規程第○条

別表6．事業主への返還資産額の算定方法(第○条・第○条関係)

実施事業所の名称(ア)	勤続期間(イ)	資格喪失の事由(ウ)	(ウ)を定めた就業規則等
○○株式会社	－	－	－

別表7．運営管理業務に係る事務費の額及びその負担

実施事業所の名称(ア)	事務費の額(イ)	事務費の負担者(ウ)
○○株式会社		

別表8．厚生年金基金からの資産移換(附則第○条関係)

厚生年金基金の名称(ア)	厚生年金基金規約変更日(イ)	移換を受ける日(ウ)

別表9．厚生年金基金を解散しての資産移換(附則第○条関係)

厚生年金基金の名称(ア)	厚生年金基金規約条項(イ)

別表10．退職手当制度からの資産移換(附則第○条関係)

実施事業所の名称(ア)	改正日又は廃止(イ)	算出方法(ウ)	利率(エ)	移換の期間(オ)	移換を受ける日(カ)

⑭年金規約の規約変更理由書

　総合型で選択制確定拠出年金を導入する場合には、既に厚生労働大臣から承認されている代表事業主の年金規約を変更して実施事業主を追加する必要があります。そのため、「規約変更理由書」を作成する必要があります。

　以下は、「規約変更理由書」のサンプルです。

〇年〇月〇日

〇〇年金規約の変更理由書

変更の理由
・実施事業主の増加について
〇〇株式会社より当規約に実施事業主として参加したいという申出があった。厚生年金適用事業所であり、法令上も問題ないため、労使間の合意を前提に加入することとなった。

以上

---

⑮年金規約の新旧対照条文

　総合型で選択制確定拠出年金を導入する場合には、既に厚生労働大臣から承認されている代表事業主の年金規約を変更して実施事業主を追加する必要があります。そのため、「新旧対照条文」を作成する必要があります。

　以下は、「新旧対照条文」のサンプルです。

【新旧対照条文】

新					旧
○○年金規約					
別紙○　○○株式会社 別表1．実施事業主（第○条関係）					

名称	住所
○○株式会社	東京都○区・・・・

別表2．実施事業所（第○条関係）

厚生年金適用事業所の名称	厚生年金適用事業所の所在地
○○株式会社	東京都○区・・・・

別表3．実施事業所及び加入者の範囲（第○条・第○条関係）

実施事業所の名称（ア）	加入者となる時期（イ）	加入者となる者の範囲（ウ）	（ウ）を定めた就業規則	加入者の範囲から除く者（エ）
○○株式会社	加入することを希望した日の属する月の翌月1日	正社員・役員	就業規則○条	契約社員・パートタイマー・加入することを希望しなかった者

■ 選択制確定拠出年金の導入 ■

別表4．実施事業所及び掛金中断の範囲（第○条関係）

実施事業所の名称(ア)	掛金を中断する者(イ)	(イ)を定めた就業規則等(ウ)	中断する期間(エ)
○○株式会社	休職中の者	就業規則第○条 育児休業規程第○条 介護休業規程第○条	休職期間中(会社都合以外の事由に限る)のうち無給の期間

別表5．掛金の形態等（第○条関係）

実施事業所の名称(ア)	掛金の形態(イ)	定額掛金の額(ウ)	定率掛金の率(エ)	定率掛金の基礎とする基準給与等を定めた就業規則等(オ)
○○株式会社	定率	－	100/100	(正社員) 選択制確定拠出年金規程第○条 (役員) 役員にかかる確定拠出年金の実施に関する規程第○条

別表6．事業主への返還資産額の算定方法（第○条・第○条関係）

実施事業所の名称(ア)	勤続期間(イ)	資格喪失の事由(ウ)	(ウ)を定めた就業規則等
○○株式会社	－	－	－

別表7．運営管理業務に係る事務費の額及びその負担

実施事業所の名称(ア)	事務費の額(イ)	事務費の負担者(ウ)
○○株式会社		

別表8.　厚生年金基金からの資産移換(附則第○条関係)

厚生年金基金の名称(ア)	厚生年金基金規約変更日(イ)	移換を受ける日(ウ)

別表9.　厚生年金基金を解散しての資産移換(附則第○条関係)

厚生年金基金の名称(ア)	厚生年金基金規約条項(イ)

別表10.　退職手当制度からの資産移換(附則第○条関係)

実施事業所の名称(ア)	改正日又は廃止(イ)	算出方法(ウ)	利率(エ)	移換の期間(オ)	移換を受ける日(カ)

附則
この規約は、○○年○月○日から施行する。

■ 選択制確定拠出年金の導入 ■

⑯パートタイマー・契約社員を加入者とする場合

　厚生年金に加入しているパートタイマーや契約社員は、選択制確定拠出年金の加入者とすることができます。

　パートタイマー・契約社員を選択制確定拠出年金の加入者とする場合には、パートタイマー就業規則の写しと契約社員就業規則の写しが必要です。

　パートタイマー就業規則と契約社員就業規則の写しは、労働基準法等の法令に準拠していることが必要です。

　パートタイマー就業規則と契約社員就業規則の写しには、前払選択金に関する条文を加える必要があります。以下は、前払選択金に関する条文のサンプルです。

第○条(前払選択金)
前払選択金は、以下のとおり支給する。
(1)選択制確定拠出年金の掛金及び前払選択金の合計額は、月額55,000円とする。
(2)選択制確定拠出年金の掛金及び前払選択金の組み合わせは、別表の選択コースより選択するものとする。
(3) (2)にかかわらず60歳以上の者については、(1)の額のすべてを月例給与にあわせて前払選択金として支給する。
(4)一旦、確定拠出年金加入者となった者は、掛金の額について別表の選択コースA(掛金額0円)を選ぶことはできない。
(5)社員による選択コースの選択は年1回(毎年4月拠出分より)とし、変更を希望する者は、毎年2月末までに会社に対して申請を行うも

のとする。だだし、災害や疾病、住宅の取得など会社がやむを得ないと判断した場合には随時に変更することを認める。
(6)確定拠出年金加入者となる時期は加入することを希望した日の属する月の翌月1日とし、入社日の属する月は月末までの日数で日割り計算の上、相当額を給与にあわせて支給する。

　上記のサンプルの条文を使用する場合には、以下の別表をパートタイマー就業規則と契約社員就業規則の末尾に追加します。

別表

選択コース	確定拠出年金掛金	前払選択金
1	0円	55,000円
2	3,000円	52,000円
3	4,000円	51,000円
4	5,000円	50,000円
5	6,000円	49,000円
6	7,000円	48,000円
49	50,000円	5,000円
50	51,000円	4,000円
51	52,000円	3,000円
52	53,000円	2,000円
53	54,000円	1,000円
54	55,000円	0円

⑰パートタイマー・契約社員を加入者としない場合

　パートタイマーや契約社員が就業規則(本則)の適用除外者に明記されている場合には、パートタイマーや契約社員を選択制確定拠出年金の加入者としないことができます。

就業規則(本則)に以下のような条文が定められ、パートタイマーや契約社員の就業に関する必要な事項については個別に結ぶ雇用契約によるとされている場合には、雇用契約書のサンプルが必要です。

第○条(社員の種類)

1. 社員の区分は、次のとおりとする。
(1)正社員：正規の入社試験その他の選考によって、期間の定めなく雇用される者で、会社の基幹業務に携わることを前提に採用された者をいう。
(2)契約社員：3年以内の雇用期間を定めて雇用される者で、主として特定の職種に携わることを前提に採用された者をいう。
(3)パートタイマー：時給制による期間雇用者であって、1週間の所定労働時間が正社員と比べて短く、主として補助的な業務に携わることを前提に採用された者をいう。
2. 本規則は、第○章で定める手続きにより採用された、前項の第1号に該当する正社員に適用する。
3. 本条第1項の第2号、第3号に該当する契約社員、パートタイマーについては、本規則を適用しない。就業に関する必要な事項については、個別に結ぶ雇用契約による。

以下は、簡易なパートタイマー・契約社員の雇用契約書のサンプルです。

パートタイマー・契約社員雇用契約書

労働者	ふりがな		生年月日	年　月　日生
	氏名			
	現住所	〒 TEL		

下記労働条件で契約する

雇用期間	
就業の場所	
仕事の内容	
就業の時間	
休憩の時間	
休日	
賃金	
手当	
賃金の支払	
昇給	
その他	定めのない事項は一般社員就業規則を準用する。選択制確定拠出年金制度は適用しない。

　　年　　月　　日

　　　　　　雇用者　住所
　　　　　　　　　　社名
　　　　　　　　　　代表者　　　　　　　　㊞

　　　　　　労働者　住所
　　　　　　　　　　氏名　　　　　　　　　㊞

就業規則に以下のような条文が定められ、パートタイマーや契約社員の就業に関する必要な事項については、別に定める規則によるとされている場合には、パートタイマー就業規則と契約社員就業規則が必要です。

第○条（社員の種類）

1. 社員の区分は、次のとおりとする。
(1)正社員：正規の入社試験その他の選考によって、期間の定めなく雇用される者で、会社の基幹業務に携わることを前提に採用された者をいう。
(2)契約社員：3年以内の雇用期間を定めて雇用される者で、主として特定の職種に携わることを前提に採用された者をいう。
(3)パートタイマー：時給制による期間雇用者であって、1週間の所定労働時間が正社員と比べて短く、主として補助的な業務に携わることを前提に採用された者をいう。
2. 本規則は、第○章で定める手続きにより採用された、前項の第1号に該当する正社員に適用する。
3. 本条第1項の第2号、第3号に該当する契約社員、パートタイマーについては、本規則を適用しない。就業に関する必要な事項については、別に定める規程による。

厚生局で年金規約の変更申請をする

　代表事業主の年金規約の変更申請は、代表事業主を管轄する厚生局に年金規約の変更承認申請書を提出して行います（厚生局の所在地は本書巻末に掲載してあります）。

　年金規約の変更承認申請書には、以下の書類を添付します。

- 規約の一部を変更する規約(案)
- 年金規約の変更理由書(案)
- 新旧対照条文(案)
- 同意書
- 証明書
- 労使合意に至るまでの経緯
- 資産関係契約書(案)
- 契約権限の委任状
- 就業規則
- 賃金規程
- 選択制確定拠出年金規程
- 役員にかかる確定拠出年金の実施に関する規程
- 育児休業規程
- 介護休業規程
- パートタイマー・契約社員雇用契約書（またはパートタイマー就業規則・契約社員就業規則）
- 保険料納入済告知額・領収済額通知書の写し

年金規約変更承認申請書の提出から厚生労働大臣の承認まで概ね2ヶ月程度の期間が必要です。

以下は、年金規約の変更承認申請書のフォーマットです。

第　　　　　号
年　　月　　日
承認番号　　　号

厚生局(支)長殿
　　　申請者住所
　　　事業所名称
　　　事業主名称　　　　　　　㊞

○○○○年金規約変更承認申請書

　標記について、確定拠出年金法第5条に基づき、下記関係書類を添えて申請します。

記

1. 規約の一部を変更する規約
2. 規約変更理由書
3. 新旧対照条文
4. 変更についての厚生年金被保険者等の過半数を代表する者の同意書
5. 厚生年金被保険者等の過半数を代表することの事業主の証明書
6. その他必要な書類

給与計算ソフトの設定を変更する

　選択制確定拠出年金の掛金の限度額は55,000円ですが、55,000円の一部を掛金とした場合には、55,000円から掛金を差し引いた金額は、前払選択金として会社から支給されます。例えば、掛金を40,000円とした場合には前払選択金として15,000円を会社から支給されます。

　このような取扱いをするために、給与計算ソフトの設定を変更する必要があります。

　給与計算ソフトの設定変更は、以下の表に従って行う必要があります。

	税金	固定的・非固定的賃金の別	社会保険報酬月額	雇用保険	割増・減額賃金の計算基礎
基本給	課税	固定的	対象	対象	含む
前払選択金	課税	非固定的	対象	対象	含む
掛金	非課税		対象外	対象外	含む

　以下は、選択制確定拠出年金を導入する前の給与明細書のサンプルです。

■ 導入前の給与明細書のサンプル

No.007 ジェームス・ボンド		給与明細書			ワンストップパートナーズ株式会社	
支給	基本給					
	500,000円					
控除	健康保険	介護保険	厚生年金	雇用保険	所得税	住民税
	24,900円	3,950円	44,570円	2,000円	17,000円	25,400円
	総支給額	控除合計	差し引き支給			
	500,000円	117,820円	382,180円			

　以下の選択制確定拠出年金を導入した後の給与明細書のサンプル1では、支給項目に「前払選択金」を追加し、備考欄に「掛金」を記載しています。

■ 導入後の給与明細書のサンプル1

No.007 ジェームス・ボンド		給与明細書			ワンストップパートナーズ株式会社	
支給	基本給	前払選択金				
	445,000円	30,000円				
控除	健康保険	介護保険	厚生年金	雇用保険	所得税	住民税
	23,406円	3,713円	41,896円	1,900円	15,433円	23,800円
	総支給額	控除合計	差し引き支給		備考欄	
	475,000円	110,146円	364,854円		掛金　25,000円	

以下の選択制確定拠出年金を導入した後の給与明細書のサンプル2では、「基本給」に「前払選択金」を含ませた上で、備考欄にその旨と「掛金」を掲載しています。

■ 導入後の給与明細書のサンプル2

No.007 ジェームス・ボンド		給与明細書				ワンストップパートナーズ株式会社	
支給	基本給						
	475,000円						
控除	健康保険	介護保険	厚生年金	雇用保険	所得税	住民税	
	23,406円	3,713円	41,896円	1,900円	15,433円	23,800円	
	総支給額	控除合計	差し引き支給	備考欄			
	475,000円	110,146円	364,854円	基本給には前払選択金を含む　掛金25,000円			

以下の選択制確定拠出年金を導入した後の給与明細書のサンプル3では、「基本給」に「前払選択金」と「掛金」を含ませた上で、備考欄にその旨を記載し、支給項目で「掛金」を減額しています。

■ 導入後の給与明細書のサンプル3

No.007 ジェームス・ボンド		給与明細書				ワンストップパートナーズ株式会社	
支給	基本給	掛金					
	500,000円	-25,000円					
控除	健康保険	介護保険	厚生年金	雇用保険	所得税	住民税	
	23,406円	3,713円	41,896円	1,900円	15,433円	23,800円	
	総支給額	控除合計	差し引き支給	備考欄			
	475,000円	110,146円	364,854円	基本給には前払選択金及び掛金を含む			

5 選択制確定拠出年金の導入までのモデルスケジュール

　以下は、総合型で選択制確定拠出年金を導入する場合のスケジュールのモデルです。

1ヶ月目	業務委託契約の締結
2ヶ月目	定型的な書類への印鑑押印 選択制確定拠出年金規程の作成 給与規程の変更案作成など
3ヶ月目	厚生局へ年金規約の変更申請
4ヶ月目	全従業員に選択制確定拠出年金を説明し、加入するかどうか、加入する場合の掛金額を検討してもらう
5ヶ月目	加入者情報（加入者氏名、掛金額、基礎年金番号等）の連絡をする 厚生局（厚生労働大臣）より年金規約の変更が承認される
6ヶ月目	選択制確定拠出年金が実施開始される 給与計算ソフトの設定を変更する

第6章

選択制確定拠出年金の上手な導入方法

～選択制確定拠出年金導入の難しさ～

多くの社員に
加入してもらうことの難しさ

　選択制確定拠出年金は、加入を希望する者のみが加入者となります。

　選択制確定拠出年金に加入すれば、社会保険料や所得税などを削減しながら、老後の生活資金を積立できます。このことから、選択制確定拠出年金を導入さえすれば、多くの社員が加入を希望すると考えられるかもしれません。

　しかし、選択制確定拠出年金で給与を減額して、減額分を掛金として積立すれば、給与の手取りが減ってしまいます。
　また、原則として60歳までは年金資産を引き出すことができません。
　また、若い人にとっては、遠い将来の老後の生活資金のことを、自分のこととして受け止めることが難しいです。
　さらに、定年まで勤務する予定のない多くの方は、転職をするときに面倒ではないかと誤解し、選択制確定拠出年金に加入することを躊躇しがちです。

　そのため、ただ機械的に手続きを進めて選択制確定拠出年金を導入しただけでは、ほとんどの社員が加入しないということになってしまいます。これでは、何のために、選択制確定拠出年金を導入したのかということになってしまいます。

この点が全員加入の企業型確定拠出年金にはない選択制確定拠出年金の導入の難しさです。

　多くの社員に選択制確定拠出年金に加入してもらうためには、なぜ給与の手取りを減らしてまで、原則として60歳までは引き出せない積立をする必要があるのかを、多くの社員に理解して頂く必要があります。

　そのためには、社会保険料率の引上げや社会保険料の削減の必要性、公的年金の縮小と自主的な積立の必要性、選択制確定拠出年金の仕組みや注意点、掛金の運用の方法などを、何の基礎知識もない方でも理解できるように、短時間でわかりやすく説明しなければなりません。
　また、あらゆる社員の質問に、わかりやすく回答して、社員の不安を取り除くことも必要です。

　このような説明や質疑応答をするためには、確定拠出年金、社会保険、公的年金、給与計算、就業規則、積立投資、ライフプランニングなどの横断的な専門的知識が必要です。

　「今の説明の仕方ではわかっていない人が多そうだな」というときには切り口を変えて説明したり、緊張した空気が流れているときには場を和ませる話題に切り替えたり、眠そうな人が多いときには質疑応答形式を取り入れたり、間を持たせて重要な箇所で集中させたりするなどのスキルも必要です。

　退職金制度の有無、給与水準、職種、年齢構成、男女比率などの会社の状況を踏まえて、説明の内容を適宜変更することも必要です。

もっともわかりやすく説明をして加入率を上げることができるか？

　次ページの表は、企業規模100人の会社が、A社に選択制確定拠出年金の導入を依頼した場合と、B社に選択制確定拠出年金の導入を依頼した場合を比較したシミュレーションです。

　A社に依頼した場合の加入率は60％で、B社に依頼した場合の加入率は30％とします。

　1人加入すると、1ヶ月間の会社負担の社会保険料などは、給与や掛金の金額によりますが、概ね3,000円から9,000円程度の削減ができることが多いため、加入者1人当たりの1ヶ月間の会社負担の社会保険料などの削減額は5,000円とします。

　A社に依頼した場合の1ヶ月間のランニングコストの計算式は
10,000円＋1,000円×加入者数とします。

　他方、B社に依頼した場合の1ヶ月間のランニングコストの計算式は
5,000円＋500円×加入者数とします。

■ 企業規模100人の例

	A社に依頼した場合	B社に依頼した場合
加入率	60%	30%
加入者数	100人中60人が加入	100人中30人が加入
1ヶ月間の会社負担の社会保険料などの削減額(1)	5,000円×60人＝300,000円	5,000円×30人＝150,000円
1ヶ月間のランニングコスト(2)	10,000円＋1,000円×60人＝70,000円	5,000円＋500円×30人＝20,000円
1ヶ月間の会社のメリット(1)－(2)	300,000円－70,000円＝230,000円	150,000円－20,000円＝130,000円
A社ではなくB社に依頼したことによる1ヶ月間の会社の損失	230,000円－130,000円＝100,000円	

　このシミュレーションから、**たとえB社のランニングコストの単価がA社の半分であっても、加入率が半分であれば、A社ではなくB社に依頼することにより、1ヶ月間に100,000円の損失を被ることがわかります。**

　また、**A社ではなくB社に依頼することで、A社に依頼していれば選択制確定拠出年金に加入していたであろう30人の方の老後の生活に大きな影響を与えてしまいます。**

■ 選択制確定拠出年金の上手な導入方法 ■　　139

以下の表は、A社ではなくB社に依頼したことによる会社の損失を企業規模別、期間別にシミュレーションしたものです。

■ A社ではなくB社に依頼したことによる会社の損失（企業規模・期間別）

	1ヶ月間	1年間	10年間	20年間
100人	100,000円	1,200,000円	12,000,000円	24,000,000円
250人	257,500円	3,090,000円	30,900,000円	61,800,000円
500人	520,000円	6,240,000円	62,400,000円	124,800,000円
1,000人	1,045,000円	12,540,000円	125,400,000円	250,800,000円

　このシミュレーションから、企業規模が大きくなるほど、また、期間が長くなるほど、A社ではなくB社に依頼したことによる会社の損失が大きくなることがわかります。

　以上から、できるだけ多くの社員に選択制確定拠出年金に加入してもらうポイントは、もっともわかりやすく説明をして加入率を上げることができる会社に、選択制確定拠出年金の導入運営を依頼することです。

　全員加入の企業型確定拠出年金と同じように、ただ機械的に手続きを進めて選択制確定拠出年金を導入した結果、予想以上に加入率が低く、選択制確定拠出年金の導入を提案した役員や社員の責任が問われる事態になったということがないようにしたいものです。

第7章

確定拠出年金の給付の内容

60歳以上で老齢給付金としての受給が原則

1 60歳以上になったら老齢給付金として受け取れる

　確定拠出年金の加入者は、60歳以上になると、今まで拠出した掛金とその運用額を老齢給付金として一時金（一括払い）または年金で受給することができます。

　このことは、確定拠出年金では、60歳までは原則として掛金とその運用益を引き出せないことを意味します。この点を十分に考慮して、掛金の設定をする必要があります。

　また、60歳から老齢給付金を受給するためには、60歳になった時点での加入期間が10年あることが必要です。

　加入した時期が遅く、60歳になった時点で加入期間が10年に満たない場合は、次ページの表で示すように、60歳になった時点での加入期間に応じて受給開始が遅れます。また、老齢給付金は、70歳までに受給開始する必要があります。

■ 60歳になったときの加入期間と受給開始年齢

60歳になったときの加入期間※	受給開始年齢
10年以上（50歳までに加入）	60〜70歳までの間に受給開始
8年以上10年未満 （50〜52歳までに加入）	61〜70歳までの間に受給開始
6年以上8年未満 （52〜54歳までに加入）	62〜70歳までの間に受給開始
4年以上6年未満 （54〜56歳までに加入）	63〜70歳までの間に受給開始
2年以上4年未満 （56〜58歳までに加入）	64〜70歳までの間に受給開始
1ヶ月以上2年未満 （58〜60歳までに加入）	65〜70歳までの間に受給開始

※加入期間は、確定拠出年金への最初の掛金を拠出してからの期間で、掛金を拠出せずに運用のみを行う期間を含みます。

60歳にならなくても受け取ることができる給付金や一時金がある

①障害給付金

　老齢給付金は60歳までは受給できませんが、加入者が高度障害の状態（国民年金の障害等級1級、2級相当）になったときには、60歳未満であっても、今まで拠出した掛金とその運用額を障害給付金として一時金（一括払い）または年金で受給することができます。

②死亡一時金

　老齢給付金を受給する前に死亡した場合には、60歳未満の加入者であったとしても、遺族は今まで拠出した掛金とその運用額を死亡一時金として一括で受給することができます。

③脱退一時金

　以下の一定の要件を満たした場合には、今まで拠出した掛金とその運用額を脱退一時金として一括で受給することができます。

　脱退一時金の支給には、以下の1.～3.の3つのケースがあります。

1. 企業型確定拠出年金を資格喪失した後に企業型記録関連運営管理機関に請求するケース
   ・以下の全ての要件に該当する者

［1］企業型確定拠出年金加入者、企業型確定拠出年金運用指図者、個人型確定拠出年金加入者及び個人型確定拠出年金運用指図者でないこと。
　　［2］資産額が15,000円以下であること。
　　［3］最後に当該企業型確定拠出年金加入者の資格を喪失してから6ヶ月を経過していないこと。

2．個人型確定拠出年金加入者になる資格がない者が個人型記録関連運営管理機関または国民年金基金連合会に請求するケース
　・以下の全ての要件に該当する者
　　［1］60歳未満であること。
　　［2］企業型確定拠出年金加入者でないこと。
　　［3］個人型確定拠出年金の加入者となれる者でないこと。
　　［4］障害給付金の受給権者でないこと。
　　［5］掛金の通算拠出期間が3年以下であること(退職金等から確定拠出年金へ資産の移換があった場合には、その期間も含む)又は資産額が50万円以下であること。
　　［6］最後に企業型確定拠出年金加入者または個人型確定拠出年金加入者の資格を喪失した日から起算して2年を経過していないこと。

3．個人型確定拠出年金加入者になる資格がある者が個人型記録関連運営管理機関または国民年金基金連合会に請求するケース
　・以下の全ての要件に該当する者
　　［1］継続個人型確定拠出年金運用指図者(※)であること。
　　［2］障害給付金の受給権者でないこと。
　　［3］掛金の通算拠出期間が3年以下であること (退職金等から確定

拠出年金へ資産の移換があった場合には、その期間も含む）又は資産額が25万円以下であること。
[4] 継続個人型確定拠出年金運用指図者となった日から起算して2年を経過していないこと。

※企業型確定拠出年金加入者の資格を喪失した後、企業型確定拠出年金運用指図者または個人型確定拠出年金加入者になることなく、国民年金基金連合会に個人型確定拠出年金運用指図者となることを申出し、かつ、継続して個人型確定拠出年金運用指図者（継続して個人型確定拠出年金加入者となることができる者に限る。）であり、当該申出をした日から起算して2年を経過した者。

　なお、確定拠出年金法の改正により、2017年1月1日以降、脱退一時金が縮小されます。詳しくは、195ページをご参照ください。

給付の名称	受給方法	要件
老齢給付金	年金または一時金	加入期間10年以上で60歳から受給開始可能
障害給付金	年金または一時金	高度障害（国民年金の障害等級1級、2級相当）になったときに支給
死亡一時金	一時金	死亡したときに遺族に支給
脱退一時金	一時金	一定の要件を満たした場合に支給

老後の生活資金は禁断の実

　アダムとエバが禁断の実を食べたためにエデンの園を追放されたという聖書の話は有名ですが、この禁断の実は、多くの絵画でリンゴとして描かれています。しかし、聖書にはリンゴの木は登場しません。

　アダムとエバは、誘惑に負けて、禁断の実をとって食べた後、「いちじくの葉」をつづり合わせて、自分たちの腰のおおいを作りました。

そこで女が見ると、その木は、まことに食べるのに良く、目に慕わしく、賢くするというその木はいかにも好ましかった。それで女はその実を取って食べ、いっしょにいた夫にも与えたので、夫も食べた。
このようにして、ふたりの目は開かれ、それで彼らは自分たちが裸であることを知った。そこで、<u>彼らは、いちじくの葉をつづり合わせて、自分たちの腰のおおいを作った。</u>
旧約聖書　創世記第3章第6節〜第7節

　とすると、禁断の実は、いちじくの実なのではないでしょうか？

　いちじくの木から、いちじくの実を食べたので、裸であることを知り、とっさに近くにあった「いちじくの葉」で腰のおおいを作ったと考えるのが自然ではないかと思うのです。

　老後の生活のために積立するお金は、老後までは使ってはいけない禁

断の実(お金)です。

　しかし、老後までの間に、必ず「少しぐらい使っても大丈夫だよ」という誘惑がやってきます。そのときに、私たちは、誘惑に勝てるでしょうか？

　アダムとエバは、誘惑に負けて、禁断の実を食べてしまいました。とすると、私たちも、誘惑に負けて、老後までの間に、老後の生活のために積立したお金を使ってしまうことでしょう。

　だからこそ、確定拠出年金は、原則として、60歳までは、年金資産を自由に引き出せない、とされているのです。

　確定拠出年金は、誘惑に弱い人間の生まれながらの性質を踏まえて、制度設計されているのだと思います。

第8章

選択制確定拠出年金の税制上の取扱い

掛金の拠出時・運用益・給付時の
すべてで優遇される

掛金の拠出時・運用時の税金の取扱い

①掛金の拠出時の税金の取扱い

　選択制確定拠出年金(企業型確定拠出年金)では、会社が拠出する掛金は、非課税(損金算入)です。

　また、掛金は、社員の給与所得金額に算入されず、最初から給与としては支給されなかったものとして取り扱われます。

②掛金の運用時の税金の取扱い

　確定拠出年金では、将来、年金や一時金を受け取るまで掛金の運用益は、非課税です。

2 掛金の給付時の税金の取扱い

①老齢給付金

老齢給付金を年金として受給する場合は、雑所得として所得税が課税されます。ただし、所得金額の計算では、公的年金等控除が適用されて、優遇されています。

この場合の公的年金等に係る雑所得額の計算式は、
(a)公的年金等の収入金額の合計額×(b)割合－(c)控除額
となります。(a)(b)(c)は、次ページの表のとおりです。

例えば、65歳未満で「公的年金等の収入金額の合計額」が4,000,000円の場合の公的年金等に係る雑所得の金額は、以下の計算式により2,625,000円となります。
4,000,000円×75％－375,000円＝2,625,000円

また、65歳以上で「公的年金等の収入金額の合計額」が5,000,000円の場合の公的年金等に係る雑所得の金額は、以下の計算式により3,465,000円となります。
5,000,000円×85％－785,000円＝3,465,000円

■ 公的年金等の収入金額の合計額、割合、控除額

年金を受け取る人の年齢	(a)公的年金等の収入金額の合計額	(b)割合	(c)控除額
65歳未満	（公的年金等の収入金額の合計額が700,000円までの場合、所得金額はゼロとなります。）		
	700,001円から1,299,999円まで	100%	700,000円
	1,300,000円から4,099,999円まで	75%	375,000円
	4,100,000円から7,699,999円まで	85%	785,000円
	7,700,000円以上	95%	1,555,000円
65歳以上	（公的年金等の収入金額の合計額が1,200,000円までの場合は、所得金額はゼロとなります。）		
	1,200,001円から3,299,999円まで	100%	1,200,000円
	3,300,000円から4,099,999円まで	75%	375,000円
	4,100,000円から7,699,999円まで	85%	785,000円
	7,700,000円以上	95%	1,555,000円

一方、老齢給付金を一時金として受給する場合は、退職所得として所得税が課税されます。ただし、所得金額の計算では、退職所得控除が適用されて、優遇されています。

以下は、退職所得控除額の計算の表です。

勤続年数	退職所得控除額
20年以下	40万円×勤続年数 （80万円に満たない場合には、80万円）
20年超	800万円＋70万円×（勤続年数－20年）

例えば、30年間掛金を拠出した場合の退職所得控除の額は、以下の計算式により、1,500万円となります。
800万円＋70万円×（30年－20年）＝1,500万円

退職所得控除額を超えて受け取った一時金については、その控除額を超えた収入額の1／2が課税所得金額とされ、所得税が優遇されます。

（一時金の金額－退職所得控除額）×1／2＝課税所得金額
課税所得金額×所得税率＝所得税額

②障害給付金
障害給付金は、所得税は課税されず、非課税とされています。

③死亡一時金
加入者が死亡した場合に遺族に支給される死亡一時金は、相続財産とされ、相続税が課税されます。ただし、「法定相続人の数×500万円」が非課税とされ、相続財産から控除されます。

④脱退一時金

脱退一時金は、50万円以下であれば、非課税とされています。50万円を超えている場合には、一時所得として課税されています。

■ 確定拠出年金に対する課税優遇措置のまとめ

給付金の種類	拠出時	運用時	受給時
老齢給付金	非課税	・運用益は非課税 ・年金資産全体に対して1.173％の特別法人税が課税（ただし凍結中）	・年金として受給する場合は雑所得課税（公的年金等控除が適用されて優遇） ・一時金として受給する場合は退職所得課税（加入期間を勤続年数とみなして退職所得控除が適用されて優遇）
障害給付金			非課税
死亡一時金			相続税課税（法定相続人1人当たり500万円まで非課税）
脱退一時金			・50万円以下であれば非課税 ・50万円超であれば一時所得として課税

第9章

運用商品の選択
(掛金の運用配分設定)

賢く掛金を運用して老後に備えましょう

1

元本保証型（定期預金等）と元本変動型（投資信託等）がある

確定拠出年金の掛金は、自分で運用商品を選択して運用します。

運用商品は、法律上、時価評価が可能で、流動性に富んでいる等の要件を満たす必要があります。具体的には、預貯金、公社債、投資信託、株式、金銭信託、貸付信託、保険商品等があります。

運用商品には、元本保証型と元本変動型があります。

元本保証型の代表的な運用商品は、定期預金です。定期預金は、元本が保証されています。ただし、金利が低いため、物価上昇に追い付かず、実質的に資産が目減りする危険もあります。

とはいえ、確定拠出年金の場合、利息に20.315％の税金がかからないため、確定拠出年金の掛金を定期預金で運用した場合でも、通常の定期預金より大きな運用益を期待できます。

元本変動型の代表的な運用商品は、投資信託です。投資信託は、投資家から集めた資金をひとつにまとめ大きな資金とし、それを運用の専門家が、広く国内や外国の株式や債券などに投資し、運用する商品です。

投資信託は、定期預金以上の運用益を期待できます。しかし、投資信託は、定期預金と異なり、元本が保証されておらず、値下がりもします。

2

投資信託の基本情報を押さえておこう

①投資信託のコスト

投資信託には、販売手数料、信託報酬、信託財産留保額というコストがかかります。

販売手数料は、販売会社(投資信託を販売する証券会社や銀行など)に支払う手数料です。投資信託を購入するときに一時的にかかるコストです。確定拠出年金で導入されている投資信託のほとんどは、販売手数料が無料です。

信託報酬は、販売会社(投資信託を販売する証券会社や銀行など)、運用会社(投資信託を運用する会社)、信託銀行(株式や債券などを管理する会社)に、支払う報酬です。投資信託を保有している間、継続して資産から差し引かれるコストです。

信託財産留保額は、解約時に信託財産に戻されるコストです。

②投資対象による投資信託の分類

投資信託の主な投資対象には、日本株式、日本債券、外国株式(先進国)、外国債券(先進国)、外国株式(新興国)、外国債券(新興国)があります。

一般的に、株式は債券よりも変動幅が大きいと言われています。また、外国株式（新興国）は日本株式や外国株式（先進国）よりも変動幅が大きいようです。

③バランス型投資信託
　バランス型投資信託とは、株式と債券を組み入れた投資信託をいいます。従って、1つのバランス型投資信託を購入すれば株式と債券に分散投資することができます。ただし、信託報酬が高くなる傾向にあります。

④パッシブ運用とアクティブ運用
　投資信託は、投資家から集めた資金をひとつにまとめ大きな資金とし、それを運用の専門家が、広く国内や外国の株式や債券などに投資し、運用する商品です。

　投資信託の投資家による運用スタイルには、パッシブ運用とアクティブ運用とがあります。

　パッシブ運用は、市場平均に連動した成果をめざす運用です。このような運用をする投資信託をインデックスファンドといいます。

　アクティブ運用は、市場平均を上回る成果をめざす運用です。
　アクティブ運用では、運用担当者が市場平均を上回る成果を出すために、様々な情報収集をして判断をする必要があるため、パッシブ運用よりも信託報酬が高くなる傾向があります。

積立投資なら値下がりしても そんなに心配することはない

　投資信託で資金を運用した場合、値下がりするというリスクが伴います。そのため、投資信託は怖いと考える人もいるようです。

　確かに、一括で100万円の投資信託を購入したところ、50万円に値下がりした場合には、100万円超えて価額が回復しない限り利益はゼロです。ですから、一括投資の場合の値下がりは、深刻な問題です。

　もっとも、確定拠出年金の掛金を投資信託で運用するということは、一括投資をすることではなくて、毎月拠出する掛金で投資信託を購入して運用するということであり、積立投資をするということです。
　積立投資をする場合は、一括投資の場合とは異なり、値下がりをしたとしても、何ら心配をする必要はありません。

　このことを、私の大好物である銀杏を例にしてご説明いたします。

毎月1,800円で買えるだけ銀杏を買うとします。
1ヶ月目は、1袋1,800円だったので、1,800円で1袋買えました。
2ヶ月目は、1袋900円だったので、1,800円で2袋買えました。
3ヶ月目は、1袋600円だったので、1,800円で3袋買えました。
4ヶ月目は、1袋300円だったので、1,800円で6袋買えました。

5ヶ月目は、1袋100円だったので、1,800円で18袋買えました。銀杏は当初の価額の18分の1まで下落しているので、6,000円の赤字です。

　6ヶ月目は、1袋300円だったので、1,800円で6袋買えました。銀杏は当初の価額の6分の1まで回復しただけですが、赤字は解消し、プラスマイナス0円です。

　7ヶ月目は、1袋600円だったので、1,800円で3袋買えました。銀杏は当初の価額の3分の1まで回復しただけですが、早くも、10,800円の黒字です。

　8ヶ月目は、1袋900円だったので、1,800円で2袋買えました。銀杏は当初の価額の2分の1まで回復しただけですが、22,500円もの黒字です。

　9ヶ月目は、1袋1,800円だったので、1,800円で1袋買えました。銀杏は当初の価額に回復しただけですが、59,400円の黒字です。

	1袋の価額	1,800円で買えた数	保有数	総購入代金	保有する銀杏の現在価値	損得状況
1ヶ月目	1,800円	1袋	1袋	1,800円	1,800円	±0円
2ヶ月目	900円	2袋	3袋	3,600円	2,700円	−900円
3ヶ月目	600円	3袋	6袋	5,400円	3,600円	−1,800円
4ヶ月目	300円	6袋	12袋	7,200円	3,600円	−3,600円
5ヶ月目	100円	18袋	30袋	9,000円	3,000円	−6,000円
6ヶ月目	300円	6袋	36袋	10,800円	10,800円	±0円
7ヶ月目	600円	3袋	39袋	12,600円	23,400円	+10,800円
8ヶ月目	900円	2袋	41袋	14,400円	36,900円	+22,500円
9ヶ月目	1,800円	1袋	42袋	16,200円	75,600円	+59,400円

このことから、毎月、一定額で銀杏を買えるだけ買った場合には、たとえ値下がりをしたとしても、少し値上がりしただけで黒字になり、当初の価額に回復するだけで大きな利益を得られることがわかります。

　このことは、毎月、確定拠出年金の掛金で投資信託を購入した場合でも全く同じです。

　次に、毎月1,800円で買えるだけ銀杏を買うとして、以下のように価額が上下したとします。
　1ヶ月目は、1袋1,800円だったので、1,800円で1袋買えました。
　2ヶ月目は、1袋900円だったので、1,800円で2袋買えました。
　3ヶ月目は、1袋1,800円だったので、1,800円で1袋買えました。
　4ヶ月目は、1袋900円だったので、1,800円で2袋買えました。
　5ヶ月目は、1袋1,800円だったので、1,800円で1袋買えました。
　6ヶ月目は、1袋900円だったので、1,800円で2袋買えました。
　7ヶ月目は、1袋1,800円だったので、1,800円で1袋買えました。
　8ヶ月目は、1袋900円だったので、1,800円で2袋買えました。
　9ヶ月目は、1袋1,800円だったので、1,800円で1袋買えました。

　次ページの表を見ると、価額が上下するだけで、利益を得られることがわかります。

　このことは、毎月、確定拠出年金の掛金で投資信託を購入した場合でも全く同じです。

	1袋の価額	1,800円で買えた数	保有数	総購入代金	保有する銀杏の現在価値	損得状況
1ヶ月目	1,800円	1袋	1袋	1,800円	1,800円	±0円
2ヶ月目	900円	2袋	3袋	3,600円	2,700円	−900円
3ヶ月目	1,800円	1袋	4袋	5,400円	7,200円	＋1,800円
4ヶ月目	900円	2袋	6袋	7,200円	5,400円	−1,800円
5ヶ月目	1,800円	1袋	7袋	9,000円	12,600円	＋3,600円
6ヶ月目	900円	2袋	9袋	10,800円	8,100円	−2,700円
7ヶ月目	1,800円	1袋	10袋	12,600円	18,000円	＋5,400円
8ヶ月目	900円	2袋	12袋	14,400円	10,800円	−3,600円
9ヶ月目	1,800円	1袋	13袋	16,200円	23,400円	＋7,200円

　以上から、毎月、確定拠出年金の掛金で投資信託を購入した場合、たとえ値下がりをしたとしても、少し値上がりしただけで、黒字になり、当初の価額に回復するだけで大きな利益を得ることができ、価額が上下するだけでも、利益を得られることがわかります。

　とはいえ、一方的に値下がりし続けたら、積立投資といえども利益がでないと心配される方もいるかもしれません。
　しかし、一方的に値下がりし続ける投資信託というものは、世の中に存在するのでしょうか？

　個々の会社の株式の場合には、業績不振で一方的に値下がり続けて会社が倒産してしまう、ということもあります。

　しかし、投資信託は、投資家から集めた資金をひとつにまとめ大きな

資金とし、それを運用の専門家が、広く国内や外国の株式・債券などに投資し、運用する商品です。そのため、一方的に値下がりし続けるということは考えにくく、通常、値下がりしたり、値上がりしたりしながら、推移していきます。ですから、一方的に値下がりすることまで心配する必要はありません。

　以上から、積立投資をする場合は、一括投資の場合とは異なり、値下がりをしたとしても、何ら心配をする必要はありません。

利益を確定するには定期預金への スイッチングを活用しよう

　毎月1,800円で買えるだけ銀杏を買うとして、以下のように価額が上下し、6ヶ月目の1袋の価額が3パターンあるとします。
　ケース①が100円、ケース②が900円、ケース③が1,800円です。

	1袋の価額	1,800円で買えた数	保有数	総購入代金	保有する銀杏の現在価値	損得状況
1ヶ月目	100円	18袋	18袋	1,800円	1,800円	±0円
2ヶ月目	200円	9袋	27袋	3,600円	5,400円	+1,800円
3ヶ月目	300円	6袋	33袋	5,400円	9,900円	+4,500円
4ヶ月目	600円	3袋	36袋	7,200円	21,600円	+14,400円
5ヶ月目	900円	2袋	38袋	9,000円	34,200円	+25,200円
ケース①6ヶ月目	100円	18袋	56袋	10,800円	5,600円	−5,200円
ケース②6ヶ月目	900円	2袋	40袋	10,800円	36,000円	+25,200円
ケース③6ヶ月目	1,800円	1袋	39袋	10,800円	70,200円	+59,400円

6ヶ月目に銀杏を購入した後、保有する銀杏を売った場合には、ケース①では5,200円の赤字、ケース②では25,200円の黒字、ケース③では59,400円の黒字です。

　ケース①〜③の銀杏の1〜5ヶ月目までの価額の推移は全く同じですが、銀杏を売る6ヶ月目の価額が異なるだけで、大きく損得の結果が異なりました。

　このことから、積立投資をする場合には、投資信託の価額が高い時期に解約（売却）することが非常に重要です。

　確定拠出年金は、原則として60歳になった時点で、老齢給付金を受給することが可能となります。

　掛金を投資信託で運用していた場合、老齢給付金を受給するためには、投資信託を解約（売却）する必要があります。

　もし、老齢給付金を受給する60歳になった時点で投資信託の価額が大暴落していたら、この時点で投資信託を解約（売却）して現金化すると、大きく赤字になってしまいます。

　そこで、このようなリスクを回避するために、55歳くらいになった時点である程度の利益が出ているならば、投資信託から定期預金にスイッチングをして利益を確定するという方法があります。

　スイッチングとは、保有商品の一部または全部を解約（売却）し、その解約金額で新規に他の商品を購入することです。「預け替え」とも呼ばれ

ています。

■ スイッチングのイメージ

スイッチング前		スイッチング後
投資信託A 250万円	投資信託A 250万円分解約→定期預金250万円購入	定期預金250万円
投資信託B 250万円	投資信託B 250万円分解約→定期預金250万円購入	定期預金250万円
投資信託C 250万円	投資信託C 250万円分解約→定期預金250万円購入	定期預金250万円
投資信託D 250万円	投資信託D 250万円分解約→定期預金250万円購入	定期預金250万円

　仮に、こうしたリスク回避策をしないまま、60歳の時点で投資信託の価額が下落していて、損失が出ている場合には、すぐに投資信託を解約（売却）して老齢給付金を受給するのではなく、運用指図者（新たな掛金の拠出は行わず、専ら運用のみを行います）として、値上がりして利益が出るまで運用を続けるという方法もあります。ただ、この方法をとったからといって、投資信託の価額が値上がりするかどうかは不確定です。

　なお、老齢給付金は70歳までに受給する必要があるため、運用指図者として運用を継続できるのは70歳までです。また、60歳以降、運用指図者として運用を継続した場合には、一定の手数料が発生します。

　以上の説明により、掛金を投資信託で運用することは、それほど怖いものではないということをご理解いただけたと思います。

さらに、積立投資について理解を深めたいという方には、『半値になっても儲かる「つみたて投資」』（星野泰平著・講談社発行）という本をお勧めいたします。

5 私の運用方法を紹介します

　私が経営しているワンストップパートナーズ株式会社では選択制確定拠出年金を導入し、私自身、掛金を投資信託で運用しています。また、それ以前から個人で通常の積立で投資信託を続けてきました。

　そのため、これまでに膨大な投資信託の本を読むなどして情報収集してきました。その結果、私なりにわかったことがあります。それは、「完全な投資信託の選び方はない」ということです。当たり前のことですが、この当たり前のことに気がつくのに、私の場合、ずいぶんと時間とお金をかけてしまいました。

　とはいえ、その甲斐あって、投資信託を選ぶ際には、最低このくらいは考慮した方がいいという私なりの基準ができました。ここでは、それをご紹介します。

　投資信託の選び方は、投資の専門家の数だけ存在するといっても過言ではなく、どの見解にも一長一短があります。ですから、私の基準も様々な評価をすることができますが、あらかじめ、そのことを踏まえて、自己責任のもと、参考程度にお読みいただければと思います。

①分散投資

例えば、毎月1,800円で買えるだけ銀杏を買うとして、A～Cの3種類の銀杏があり、以下のように価額が推移したとします。

	銀杏A	銀杏B	銀杏C
1ヶ月目	1袋1,800円だったので1袋購入	1袋1,800円だったので1袋購入	1袋1,800円だったので1袋購入
2ヶ月目	1袋1,800円だったので1袋購入	1袋100円だったので18袋購入	1袋900円だったので2袋購入
3ヶ月目	1袋1,800円だったので1袋購入	1袋1,800円だったので1袋購入	1袋1,800円だったので1袋購入
保有している銀杏の最終的な価額	1,800円×3袋＝5,400円	1,800円×20袋＝36,000円	1,800円×4袋＝7,200円
総購入金額	5,400円	5,400円	5,400円
最終的な利益	±0円	+30,600円	+1,800円

この場合には、1ヶ月目と3ヶ月目の価額は、どれも同じですが、プロセス（2ヶ月目の価額）が異なるために、最終的な利益が異なります。

このことは、毎月、確定拠出年金の掛金で投資信託を購入した場合でも全く同じです。

しかしながら、将来の投資信託の価額のプロセスは予測ができません。

そこで私は、日本株式、日本債券、外国株式（先進国）、外国債券（先進国）という投資対象の異なる4つの投資信託に、掛金を均等に分散しています。外国株式（新興国）、外国債券（新興国）、バランス型投資信託は、信

■ 運用商品の選択 ■

託報酬が高いため外しています。

②コストが安いもの

　投資信託には、販売手数料、信託報酬、信託財産留保額というコストがかかります。

　販売手数料は、投資信託を購入するときに一時的にかかるコストです。
　確定拠出年金で導入されている投資信託のほとんどは、販売手数料が無料ですが、無料でないものもあるので、それは避けることにしています。

　一番注意が必要なのは信託報酬です。
　信託報酬は、投資信託を保有している間、継続して差し引かれる費用です。概ね0.2％くらいから2.5％くらいまでと幅があります。
　高い信託報酬は運用成績を悪化させるため、1％以上の信託報酬をとる投資信託は避けることにしています。

　信託財産留保額は、解約時にかかる費用です。解約時のみかかるコストなので、継続して発生する信託報酬ほど運用成績に影響がありませんが、なるべく信託財産留保額のあるものは避けることにしています。

③インデックスファンド

　投資信託にはパッシブ運用とアクティブ運用という2つの運用スタイルがあります。

　パッシブ運用は、市場平均に連動した成果をめざす運用です。このような運用をする投資信託をインデックスファンドといいます。

アクティブ運用は、市場平均を上回る成果をめざす運用です。

　アクティブ運用では、運用担当者が市場平均を上回る成果を出すために、様々な情報収集をして判断をする必要があるため、パッシブ運用よりも信託報酬が高くなります。また、市場平均を上回り続けるアクティブ運用の投資信託を見つけ出すのは非常に困難ですし、そもそも積立の投資信託の場合には、市場平均を上回るかどうかは問題ではなく、どのような価格の推移をするかというプロセスが重要です。

　そのため、パッシブ運用の投資信託(インデックスファンド)を選ぶことにしています。

　以上から、私は、信託報酬のできるだけ安い日本株式、日本債券、外国株式(先進国)、外国債券(先進国)を投資先にした4つのインデックスファンドを均等に分散して投資信託で運用しています。

　このくらいの基準さえクリアしていれば、それ以上、深く考えたり迷ったりすることなく、気持ちを楽にして気長に投資信託で積立をすればよいと思っています。

　投資信託の選び方について理解を深めたいという方には、「新・投資信託にだまされるな！　買うべき投信、買ってはいけない投信」(竹川美奈子著・ダイヤモンド社発行)という本をお勧めいたします。

運用より先にすべき大切なこと

　本章では、どのように選択制確定拠出年金の掛金を運用するのかについて説明してきました。

　確かに、どのように運用するのかにより運用結果に大きな差が生じるので、運用はとても大切なことです。とはいえ、運用による利益は不確実なものです。

　これに対して選択制確定拠出年金の場合には、社会保険料を削減することができ、この社会保険料の削減による利益は、確実に得ることができます。

　とすれば、まずは、家計を見直して無駄遣いをやめ、できるだけ多くの掛金を積立して、社会保険料の標準報酬月額の等級を1等級、2等級下げて、社会保険料を削減することが大切です。

　その上で、本書などを参考にして、賢く掛金を運用することが大切です。

いつも喜んでいる秘訣

　投資信託は元本が変動するので、選択制確定拠出年金に加入し、投資信託で運用すると、必ず損失を出す期間があります。

　では、皆様が選択制確定拠出年金に加入して投資信託で運用をし、損益状況を確認したところ、損失が出ていたとしたら、どのような気持ちになるでしょうか？喜びますか？悲しみますか？

　損失が出ているということは、投資信託の価格が下がっているということです。

　投資信託の価格が下がっているということは、同じ掛金でより多くの投資信託を購入しているということです。

　ということは、投資信託の価格が上がったときには、大きな利益を得られるということです。

　もし、投資信託の価格が全く変動せず、損失を出すことがなかったら、全く利益を得ることができません。

　ですから、損失を出すことは、将来、利益を得るために必要なプロセスです。

そして、損失が大きければ大きいほど、また、損失を出している期間が長ければ長いほど、値上がりしたときに、大きな利益を得ることができます。

　このことから、私は選択制確定拠出年金に加入して投資信託で運用をしていますが、損益状況を確認して、利益が出ているときはもちろんのこと、損失が出ていたときにも、喜ぶことにしています。将来、利益を得るために必要なプロセスに入っているからです。

　誰もが生きていくうえで、必ず試練に直面します。もし、今、試練に直面しているとしても、その試練が、将来、飛躍するために必要なプロセスであると考えれば、試練の中でも喜ぶことができると思います。（難しいことですが・・・）

　そして、投資信託の運用で、損失が大きければ大きいほど、また、損失を出している期間が長ければ長いほど、値上がりしたときに、大きな利益を得ることができるように、試練が大きければ大きいほど、また、試練が長ければ長いほど、将来、時が満ちたときに、大きな飛躍を遂げることができるのだと思います。

第10章

よくある質問（Q＆A）

選択制確定拠出年金の疑問にお答えします

企業型確定拠出年金には、どのような導入方法がありますか？

　主な企業型確定拠出年金の導入方法には、全員を加入者とする導入方法と、希望者のみを加入者とする導入方法があります。
　後者の方法で導入した企業型確定拠出年金が、選択制確定拠出年金です。

　選択制確定拠出年金は、希望者のみを加入者とするので、社員の意思を100％尊重できます。

　また、給与を原資として掛金を拠出できるため、新たな掛金の財源は不要です。

　さらに、会社負担の社会保険料や労働保険料の削減額で十分にランニングコストを賄うことが可能なため、会社のコスト削減が可能です。

Q2

選択制確定拠出年金と個人型確定拠出年金には、どのような違いがありますか？

A2

　選択制確定拠出年金と個人型確定拠出年金は、加入希望者が、給与を原資として、希望する額の掛金を拠出する点で同じです。

　もっとも、選択制確定拠出年金は、給与を減額して減額分を掛金として拠出するため、社会保険料を削減できます。

　他方、個人型確定拠出年金は、社会保険料を控除した後の手取りの給与から掛金を拠出するため、社会保険料を削減できません。ただし、個人型確定拠出年金の掛金は、全額所得控除（小規模企業共済等掛金控除）の対象となるため、所得税、住民税を節税できます。

　また、選択制確定拠出年金の掛金の上限は55,000円ですが（注1）、個人型確定拠出年金の掛金の上限は23,000円です（注2）。

	選択制確定拠出年金	個人型確定拠出年金
社会保険料の削減	○	×
所得税・住民税の節税	○	○
掛金の上限	55,000円（注1）	23,000円（注2）

(注1) 厚生年金基金、確定給付企業年金と併用している場合の掛金の上限額は 27,500 円
(注2) 自営業者（国民年金第1号被保険者）の場合の掛金の上限額は 68,000 円

選択制確定拠出年金とマッチング拠出には、どのような違いがありますか?

　マッチング拠出は、企業型確定拠出年金の加入者が、会社掛金に、自分で掛金を上乗せできる制度です。
　マッチング拠出では、選択制確定拠出年金のように、給与を減額するわけではないので、社会保険料の削減ができません。ただし、自分で上乗せした掛金は、全額所得控除(小規模企業共済等掛金控除)の対象となるため、所得税、住民税の節税はできます。

　マッチング拠出の上限額は、会社掛金が27,500円未満の場合、会社掛金が上限です。例えば、会社掛金が20,000円の場合、マッチング拠出の上限額は20,000円です。
　会社掛金が27,500円以上の場合、55,000円と会社掛金の差額が上限です。例えば、会社掛金が30,000円の場合、マッチング拠出の上限額は25,000円です。

	選択制確定拠出年金	マッチング拠出
社会保険料の削減	○	×
所得税・住民税の節税	○	○
給与から拠出できる本人掛金の上限	55,000円	会社掛金が27,500円未満の場合、会社掛金が上限。会社掛金が27,500円以上の場合、55,000円と会社掛金の差額が上限。

選択制確定拠出年金のデメリットは何ですか？

　選択制確定拠出年金の場合には、既存の給与を減額し、減額分を掛金とすることにより、厚生年金保険料、健康保険料、介護保険料、労災保険料、雇用保険料、所得税、住民税が削減されます。

　厚生年金保険料が削減された場合、老齢厚生年金の支給額が減ります。（老齢基礎年金の支給額は減りません。）しかし、それを圧倒的に上回る社会保険料や所得税などの削減が可能です。

　詳細は、62ページを参照してください。

　また、同様に、労災保険の休業補償給付、雇用保険の基本手当（失業給付）、健康保険の傷病手当金などの支給額が減りますが、それを圧倒的に上回る社会保険料や所得税などの削減が可能です。

Q5

社員向け説明会に社員全員を一度に出席させることが難しい場合は、どうすればよいでしょうか？

A5

　新年会など社員全員が集合する機会があれば、そのような機会を利用して選択制確定拠出年金の社員向け説明会を開催できます。

　また、数回に分けて、説明会を開催する方法もあります。DVDやインターネットやテレビ会議システムを利用する方法もあります。

Q6

社員数が何名になったら、選択制確定拠出年金を導入した方がよいですか？

A6

　選択制確定拠出年金による社会保険料や労働保険料の削減効果は、加入者数や掛金の金額に比例します。そのため、社員数が少ないうちは、会社のメリットが少ないとして、選択制確定拠出年金の導入を躊躇される経営者がいます。

　しかし、個々の社員が、選択制確定拠出年金で社会保険料や所得税などを削減しながら老後資金を積立する必要性は、社員数と関係がありません。

　また、加入者数が少ないと、会社負担の社会保険料や労働保険料の削減額が小さくなりますが、ランニングコストも安くなります。

　そのため、社員数に係らず、選択制確定拠出年金の導入を検討した方がよいです。

　なお、少なくとも加入者数が5名以上であれば、ほとんどの場合に、会社負担の社会保険料や労働保険料の削減額でランニングコストを賄うことが可能です。

選択制確定拠出年金は、何月に導入するのがよいですか？

　選択制確定拠出年金には、社会保険料の削減効果があります。社会保険料は、4月から6月に支給された給与をベースに算定されます。このことから、3月か4月に選択制確定拠出年金を導入するのがよいとも考えられます。

　しかし、所得税や労働保険料は、掛金を拠出した月から削減できます。

　また、過去に遡って積立することができないため、導入が遅れれば遅れるほど、社員の年金資産は少なくなります。

　以上から、できるだけ早い月に選択制確定拠出年金を導入するのがよいと考えます。

Q8

退職金制度が導入されていても、選択制確定拠出年金を導入した方がよいですか？

A8

　退職金は退職時に支給されるため、老後までに使ってしまう可能性があります。また、退職金だけでは、老後の生活資金として足りないのが一般的です。

　そのため、退職金制度が導入されていても、選択制確定拠出年金で社会保険料や所得税などを削減しながら老後の生活資金を積立する必要性があります。

　以上から、退職金制度が導入されていても、選択制確定拠出年金を導入した方がよいです。

厚生年金基金の後継制度として、選択制確定拠出年金を導入できますか？

導入できます。

厚生年金基金は、会社に運用責任がありますが、選択制確定拠出年金であれば、会社に運用責任がありません。

また、社員は運用責任を負うものの、社会保険料や所得税などを削減しながら、老後の生活資金を積立できます。

また、厚生年金基金から年金資産の移換が可能です。

さらに、会社は会社負担分の社会保険料や労働保険料の削減額でランニングコストを賄うことが可能です。

以上から、厚生年金基金の解散に伴い、その後継制度を検討している会社に、選択制確定拠出年金はおすすめです。

Q10

給与水準が低いと、選択制確定拠出年金の加入率が低くなりますか?

A10

　選択制確定拠出年金は、希望者が給与を掛金の原資として加入するため、給与水準が低いと、選択制確定拠出年金の加入率が低くなるとも思えます。

　しかし、選択制確定拠出年金に加入するかどうかは、給与水準だけではなく、説明のわかりやすさにも大きく左右されます。また、共稼ぎかどうか、家族構成、性別、年齢など様々な事情にも左右されます。

　そのため、給与水準が低いからといって加入率が低くなるとは限りません。

Q11

若い社員の比率が高いと、選択制確定拠出年金の加入率が低くなりますか？

A11

　若い社員にとっては、遠い将来の老後の生活資金のことを自分のこととして受けとめることが難しいので、若い社員の比率が高いと選択制確定拠出年金の加入率が低くなると考えられる経営者もいます。

　しかし、若い社員ほど、年々引き上げられる社会保険料を長期に渡って負担し、将来支給される公的年金は縮小されます。

　そのため、若い社員ほど、選択制確定拠出年金で社会保険料や所得税などを削減しながら、老後資金を積立する必要性が高いです。

　このようなことを、若い社員が自分のこととして理解できるように工夫をして説明をすれば、若い社員の比率が高くても、予想以上に加入率が高くなることもあります。

Q12

離職率が高いと、選択制確定拠出年金の加入率が低くなりますか？

A12

　転職を予定している方は、選択制確定拠出年金に加入すると、転職時に面倒ではないかと誤解し、これに加入することを躊躇しがちです。そのため、離職率が高いと加入率が低くなるとも考えられます。もっとも転職をしても、年金資産を持ち運び、企業型確定拠出年金または個人型確定拠出年金の加入者となって積立を継続できることを、わかりやすく説明し、誤解を取り除くことにより、加入率を上げることが可能です。

　また、選択制確定拠出年金が導入されている会社に在籍している限りは、選択制確定拠出年金に加入して社会保険料を削減しながら老後の生活資金を積立できることから、退職を思いとどまるケースもあります。

　そのため、選択制確定拠出年金を導入することで、離職率が低くなることも期待できます。

Q13

外国人の社員が多いのですが、加入を希望しない外国人に選択制確定拠出年金に加入してもらうのは大変ではないですか？

A13

　外国人の場合、受給開始年齢前に退職し帰国することがあります。この場合、脱退一時金を受給できなければ、受給開始年齢に到達した時点で、本国から老齢給付金を支給申請することになります。

　このことから、加入を希望しない外国人もいます。

　全員加入の企業型確定拠出年金の場合、加入を希望しない外国人も企業型確定拠出年金に加入をさせられます。

　しかし、選択制確定拠出年金は、希望者のみが加入するので、加入を希望しない外国人に、無理に選択制確定拠出年金に加入をしてもらう必要はありません。

　このことから、外国人の社員が多い会社でも、スムーズに選択制確定拠出年金を導入することができます。

Q14

既に老後の生活資金を確保するために、民間の保険などの金融商品に加入している場合にも、選択制確定拠出年金に加入した方がよいでしょうか？

A14

　選択制確定拠出年金には、社会保険料や所得税などを削減できるという大きなメリットがあり、このメリットを受けることができるのに、受けないことは、大きな損失です。

　そこで、まずは、選択制確定拠出年金に加入した方がよいと考えます。その上で、上限の掛金（55,000円）を拠出しても、まだ家計に余裕がある場合には、他の金融商品を検討されるのがよいと考えます。

Q15

中途退職の予定がある場合にも、選択制確定拠出年金に加入した方がよいでしょうか？

A15

　中途退職の予定がある場合にも、より多くの老後の生活資金を確保するため、選択制確定拠出年金に加入して、できるだけ長く積立をした方がよいと考えます。

　中途退職して、企業型確定拠出年金が実施されている会社に転職した場合には、引き続き、企業型確定拠出年金に加入して掛金を拠出できます。

　中途退職して、企業型確定拠出年金が実施されていない会社に転職した場合には、より多くの老後の生活資金を確保するため、個人型確定拠出年金に加入して掛金を拠出した方がよいと考えます。

　なお、確定拠出年金法の改正により、2017年1月1日以降、個人型確定拠出年金の加入可能範囲が拡大されます。詳細は194ページをご参照ください。

Q16

選択制確定拠出年金で積立すると、原則として 60 歳まで引き出せないので、他の制度で積立した方がよいのではないですか？

A16

　積立は、老後の生活資金のためのものと、いざという時に使うためのものとに分けて考える必要があります。

　老後の生活資金のための積立が、自由に引き出せるものであったなら、老後までの長い期間に、様々な理由で使ってしまい、老後になったときに困ってしまいます。

　ですから、老後の生活資金のための積立は、原則として60歳までは引き出せない選択制確定拠出年金でした方がよいです。

　しかも、選択制確定拠出年金ならば、社会保険料や所得税などを削減しながら、老後の生活資金を積立することができます。

第11章

確定拠出年金法の主な改正点
(2017年1月1日施行)

個人型確定拠出年金の拡大と脱退一時金の縮小

個人型確定拠出年金の拡大

確定拠出年金法の改正により、2017年1月1日以降、専業主婦や確定給付企業年金の加入者、公務員が、個人型確定拠出年金に加入可能となります。

		個人型確定拠出年金	企業型確定拠出年金
自営業者(第1号被保険者)		68,000円/月	-
社員・役員(第2号被保険者)	確定給付企業年金なし 企業型確定拠出年金なし	23,000円/月	-
	確定給付企業年金あり 企業型確定拠出年金なし	12,000円/月	-
	確定給付企業年金あり 企業型確定拠出年金あり	-	27,500円/月
		12,000円/月※	15,500円/月※
	確定給付企業年金なし 企業型確定拠出年金あり	-	55,000円/月
		20,000円/月※	35,000円/月※
公務員(第2号被保険者)		12,000円/月	-
専業主婦(第3号被保険者)		23,000円/月	-

※企業型確定拠出年金の掛金の上限を引き下げること等を年金規約で定めた場合に限り、個人型確定拠出年金の加入者となることができます。

2

脱退一時金の縮小

　確定拠出年金法の改正により、2017年1月1日以降、脱退一時金の支給は、以下2つのケースのみとなります。

①企業型確定拠出年金を資格喪失した後に企業型記録関連運営管理機関に請求するケース

・以下の全ての要件に該当する者
　[1] 企業型確定拠出年金加入者、企業型確定拠出年金運用指図者、個人型確定拠出年金加入者及び個人型確定拠出年金運用指図者でないこと。
　[2] 資産額が15,000円以下であること。
　[3] 最後に当該企業型確定拠出年金加入者の資格を喪失してから6ヶ月を経過していないこと。

②個人型記録関連運営管理機関又は国民年金基金連合会に請求するケース

・以下の全ての要件に該当する者
　[1] 国民年金の保険料免除者であること。
　[2] 障害給付金の受給権者でないこと。
　[3] 掛金の通算拠出期間が3年以下であること(退職金等から確定拠出年金へ資産の移換があった場合には、その期間も含む)または資

産額が50万円以下であること。
[4]最後に企業型確定拠出年金加入者または個人型確定拠出年金加入者の資格を喪失した日から起算して2年を経過していないこと。

あとがき

　本書をお読み頂き、選択制確定拠出年金が社員と会社の双方にメリットがあることや、多くの社員が選択制確定拠出年金に喜んで加入するためには、もっともわかりやすく説明することがポイントであることをご理解して頂けたかと思います。

　本書は2011年7月31日に出版した「あなたの会社の社会保険料はこれだけ減らせる！」をベースに、最新の法令に従って変更するとともに、選択制確定拠出年金の上手な導入方法などを加筆したものです。

　今回、本書を執筆した最大の目的は、1社でも多くの会社に選択制確定拠出年金が上手に導入され、1人でも多くの社員の皆様が社会保険料や所得税などを削減しながら、老後の生活資金の積立をし、幸せな老後に備えて頂くことです。

　そのために、本書を読まれた皆様が、今すぐに選択制確定拠出年金を上手に会社に導入するための行動を起こして頂ければ幸いです。

2016年8月

著者　蔀 義秋（しとみ よしあき）

■著者紹介　　　䈰 義秋（しとみ よしあき）

ワンストップパートナーズ株式会社　代表取締役。
特定社会保険労務士、1級ファイナンシャル・プランニング技能士。
1969年埼玉県志木市生まれ。1992年中央大学法学部法律学科卒業。
選択制確定拠出年金の導入運営に特化したワンストップパートナーズ株式会社を設立し、全国の企業に選択制確定拠出年金の導入から運営までワンストップのサービスを提供している。
確定拠出年金、社会保険、公的年金、給与計算、就業規則、積立投資、ライフプランニングなどの横断的な専門的知識や自ら選択制確定拠出年金に加入して得た実践的な知識をベースに、わかりやすく社員向けの説明をすることで、概ね80％程度の加入率を達成している。

URL http://www.osp401k.net/　　　e-mail sitomi@osp401k.net

本書は、2011年7月31日に小社から発行した『あなたの会社の社会保険料はこれだけ減らせる！』を改訂・改題して出版したものです。

選択制確定拠出年金を上手に導入する方法

2016年8月19日　初版第1刷発行
2020年3月10日　初版第2刷発行

著者　　　䈰 義秋
発行者　　伊藤 滋
印刷所　　新灯印刷株式会社
製本所　　新風製本株式会社

発行所　　株式会社自由国民社
〒171-0033　東京都豊島区高田3-10-11
営業部　TEL03-6233-0781　FAX03-6233-0780
編集部　TEL03-6233-0786
URL　　http://www.jiyu.co.jp/

カバー&本文デザイン・ＤＴＰ制作／小塚久美子

©2016
・落丁・乱丁はお取り替えいたします。
・本書の全部または一部の無断複製（コピー、スキャン、デジタル化等）・転訳載・引用を、著作権法上での例外を除き、禁じます。ウェブページ、ブログ等の電子メディアにおける無断転載等も同様です。これらの許諾については事前に小社までお問合せ下さい。
・また、本書を代行業者等の第三者に依頼してスキャンやデジタル化することは、たとえ個人や家庭内での利用であっても一切認められませんのでご注意下さい。